KB190587

아들에게 들려주는

기독교 한자(基督敎 漢字) 이야기

漢字 속에 숨겨진 기독교의 신비

아들에게 들려주는
기독교 한자 이야기

초판 1쇄 2012년 11월 1일
초판 3쇄 2018년 11월 19일

정학진 지음

발행인 ㅣ 전명구

펴 낸 곳 ㅣ 도서출판kmc
등록번호 ㅣ 제2-1607호
등록일자 ㅣ 1993년 9월 4일
03186 서울특별시 종로구 세종대로 149 감리회관 16층
        (재) 기독교대한감리회 도서출판kmc
대표전화 ㅣ 02-399-2008   팩스 ㅣ 02-399-4365
홈페이지 ㅣ http://www.kmcmall.co.kr
디 자 인 ㅣ 코람데오 02-2264-3650~1

값 10,000원

ISBN 978-89-8430-579-3 03230

아들에게 들려주는 기독교 한자 이야기

漢字 속에 숨겨진 기독교의 신비

정학진 지음

kmc

영성신학의 대가인 '헨리 나우윈' 교수는 현대인을 가리켜 이렇게 표현하였다. "Filled but unfulfilled" 번역하면 "가득 차 있는, 그러나 뭔가 허전한"이다. 대부분의 현대인은 뭔가 바쁘고 가득 차 있다. 갈 곳도 많고, 해야 할 일도 많으며 약속도 많고 달력 속 스케줄도 꽉 차 있다. 바쁘지 않으면 불안해 한다.

그러나 이렇게 분주한데 뭔가 공허하고, 왠지 쓸쓸하고, 이유 없이 불안하고, 채워지지 않는 그 무엇이 있다. 군중 속에 있어도 혼자라는 느낌을 떨쳐 버릴 수 없다. 박수를 받으면 받을수록 외롭고, 찬사를 들으면 들을수록 더욱 고독해진다. 큰 은혜와 감격 속에 부흥회를 마치고 돌아오는 날은 고립무원(孤立無援)이 된다. 내 속에 내가 너무 차 있어서 공간을 비워 낼 공간이 없고, 여유를 즐길 여유가 없다.

이럴 때면 언제나 나 자신을 정면으로 직시(直視)한다. 그리고 삶에 대한 본질적인 질문을 다시 하기 시작한다. 그러면 희한하게도 깜깜했던 어둠 속에 한줄기 희미한 불빛이 비쳐오고 그분 음성이 들려오기 시작한다. 이럴 땐 믿음의 선배들이 했던 말이 크나큰 위로가 된다.

파스칼은 〈팡세〉에서 말했다. "하나님은 맨 처음 우리를 지으실 때 우리 속에 허무와 공허함을 심어 놓으셨는데 이것은 하나님 당신으로 밖에는 채울 길이 없습니다."

어거스틴은 〈고백록〉에서 "하나님은 애당초 우리를 만드실 때 하나님을 향하도록 지으셨기에 우리는 하나님 품 안에 있기까지는 참 평안이 없습니다."라고 고백하였다.

오늘 이 글은 비교적 편안하고 쉬운 터치로 쓰였지만 고민과 고독의 결정체이다. 아픔의 원형질을 뽑아 농축하고 가공해서 만들어낸 부끄러운 삶의 고백이다. 이 책을 나보다 나를 더욱 잘 아시며, 나보다 나를 더 사랑하시는 주님께 바치고 싶다. 무능하고 무익하며, 함량미달인 나를 오늘까지 잘 참아주신 주님에 대한 내 사랑의 고백이다.

평소 수많은 부흥회를 인도하며 삼미(三昧)가 있어야 된다고 생각해 오고 있는 터이다. 재미와 흥미, 그리고 의미가 그것이다. 매직을 통해 재미를 던지고, 영화를 통해 흥미를 유발하며, 복음설교를 통해 의미를 전하면 대부분 마음을 열고, 영혼이 행복해 한다. 의사라는 가면이 벗겨지고, 교수라는 직임을 내려놓으면 모두가 17세 수줍은 소녀가 되거나 20세 순수한 대학초년생이 되어 깔깔거리며 마음을 연다. 이 글이 그런 책이었으면 좋겠다. 부디 삶이 무료한 사람에게는 재미가 있고, 권태에 빠진 사람에게는 흥미가 있으며, 우울증에 빠져있거나 삶의 무의미에 허덕이는 사람에게는 의미가 되었으면 싶다.

다음 주 쓰지 못한 국문학 박사 논문을 완성하기 위해 오스트리아 비엔나로 간다. 떠나기 전 이 책의 집필을 마무리하려 미친 듯이 매달렸다. 남들이 옆에서 봤으면 미쳤다고 했으리라. 매일 밤 2시 반이 넘도록 작업이 계속되었고 새벽 4시 반에는 어김없이 일어나 새벽기도회를 인도했다. 이런 일을 반

년 이상 계속 하다 보니 몸이 패이고 에너지가 완전히 소진되었다. 그러나 그렇게 행복할 수 없다. 이 시간 짜릿한 기쁨과 뿌듯함이 전신을 싸고돈다.

오늘의 이 졸저(拙著)를 허락하신 내 모든 것 되시는 주님께 영광을 돌리고 싶다. 말로만이 아니라 정말 그 분의 종이 되어 제대로 며칠만이라도 살고 싶다.

옆에서 꼼꼼히 교정을 봐주고 힘을 실어준 동역자인 임성환 목사와, 김만기 목사, 그리고 전혜성, 민경진 전도사께 감사드린다. 연회 전용재 감독님, 이정원 목사님과 최재화 총무님, 변승근 단장님을 비롯한 동료 부흥단원들, 박선서, 김창성, 엄상현, 안병조 목사님을 비롯한 지방 목사님들과 여러 선후배 목사님들께도 감사한다. 그분들의 배려와 관심이 없었다면 이 책은 세상에 태어나지 못했을 것이다.

인생의 멘토이신 호남선교연회 원형수 목사님과 리승수 원로목사님, 고 윤주봉 목사님, 그리고 어려울 때 함께 해준 아내 신민자와 한나, 해광이, 부모님께도 고마움을 표한다.

하나하나 자세히 지적해 주시고 힘을 실어주신 박재성 교수님과 이병구 장로님, 그리고 내가 이 책을 쓸 수 있도록 먼저 길을 만드신 참고도서의 저자들에게 감사한다.

'늙은 학생'을 가르치시느라 수고하신 한양대 교수님들께도 감사드리고 싶다. 이분들 덕분에 지식의 지평이 넓어지고 신앙의 편협함이 객관화(客觀化)되는 은총을 입었다.

함량미달(含量未達)이며 부족한 목사를 끝까지 믿어주시는 장로님들과, 응원하고 기도해 준 일동교회 모든 교우들께도 이 기쁨을 전한다.

초라한 글, 좋은 옷을 입혀주신 kmc 총무대리 손인선 목사님과 편집실, 그리고 이 책을 읽게 될 모든 독자들께 두 손 모아 감사드리고 싶다.

2012년 가을
정학진

1부

서문(序文) - 글의 문을 열면서

아들 해광(海光)아,

매 주일 서울에서 한걸음에 달려오는 널 만나지만 글을 통해 만나니 더욱 새롭구나.

너의 성장을 방기(放棄)했던 것은 아니지만 워낙 바빴고, 교회를 섬기는 담임목사란 직책이 가정적이지 못해 늘 미안하고 부담스러웠는데, 또 일정 부분은 두렵기도 했는데 잘 커줘서 너무 고맙구나. 이제 하나님의 종으로 성장하려 신학도가 되어 공부하는 널 진심으로 대견스러워하고, 또 축하하면서 이 가르침을 주려 한단다.

스마트 폰처럼 요긴한 한자(漢字)

'한자(漢字)' 하면 무척 따분해 보이지? 남의 나라 말하는 것 같아 이질감도 느껴지고, 그다지 피부에 와 닿지 않을 거야. 다만 고등학교에 한문 시간이 있어서 명목을 유지하긴 했지만 그래도 너희들에겐 낯설고 어색하고, 따분하기 십상인 과목일 게야.

게다가 기독교교리(基督敎敎理)는 또 어때? 딱딱한 것 같고, 왠지 재미가 없을 것 같지? 게다가 이 둘의 만남이라? 벌써부터 고리타분하게 느껴지고 흥미를 잃게 된다고? 글쎄….

마치 여자들이 싫어하는 이야기가 남자들 군대 이야기와 더 재미없는 이야기는 축구 이야기, 게다가 더더욱 재미없는 이야기는 남자들이 군대에서 축구한 이야기라지?

젊은 너희가 싫어하는 이야기가 딱딱해 보이는 한자(漢字) 이야기고 더 재미없는 이야기는 기독교교리 이야기, 게다가 더더욱 재미없는 이야기는 한자로 기독교교리를 설명하는 이야기가 아닌가 싶다. 아버지가 이 무모하다시피 한 일을 하는 걸 그야말로 설상가상(雪上加霜)처럼 느낄지도 모르겠다.

하지만 한자는 그런 게 아니야. 우리 삶과 무관한 게 아니라 떼래야 뗄 수 없는 관계에 있단다. 이미 아시아 국가 중 우리나라를 비롯해, 중국, 일본, 대만, 베트남 등 많은 나라가 한자를 모국어처럼 사용하고 있고, 실제로 한자를 빼고는 학문이나 의사소통이 불가능할 정도로 한자는 우리 삶과 불가분의 관계에 있지. 이 한자는 의사소통을 원활하게 해주는 역할을 한단다.

예를 들면, '토사구팽(兎死狗烹)'이라는 말이 있단다. 이 말의 뜻은 '토끼 사냥하는 사냥꾼이 사냥이 끝나자 사냥개를 잡아먹는다'는 뜻으로 자신이 목적한 일을 위해 사람을 이용하고 선 곧바로 내버린다는 뜻이란다. 이 말을 풀어 쓰려면 얼마나 많은 말이 들어가야 할까? 그런데 토사구팽! 이 말 한마디를 사용함으로써 서로 알고 있는 사람들은 쉽게 의사소통을 할 수 있는 거란다.

우리말이라고 생각했던 한자(漢字)

또한 우리말이라고 여기던 많은 낱말이 알고 보니 한자였던 것들이 있어. 우리가 오랫동안 사용하다 보니 우리말처럼 동화(同化) 혹은 귀화(歸化)되어 버린 것들이야. 예를 들어 '썰매'는 '설마(雪馬), 즉 눈 위를 달리는 말'에서 온 글자고, '얌체'는 '부끄러움을 안다'는 뜻의 '염치(廉恥)'에서 온 글자야. '성냥'은 '유황을 돌처럼 굳혀 불을 붙이는 물건'이라 해서 '석류황(石硫黃)'이라 했는데 이걸 빨리 발음하다 보니 '성냥'이 된 거야. 이처럼 우리 주위를 살펴보면 이 같은 글자는 얼마든지 있어. '장난'은 '작란(作亂)'에서 왔고, '배추'는 '백채(白菜)'에서, '김치'는 '침채(沈菜)'에서 온 거란다.[1] 영어는 65퍼센트가 라틴어에서 왔듯 우리말은 한자에서 70퍼센트가 왔어. 따라서 엄밀히 말하면 한자 없이는 우리말도 없는 거란다.

이왕 말이 나왔으니 몇 개만 더 알아볼까? 네가 삼겹살을 먹

---

1) 정민, 박수밀, 박동욱, 강민경, 「살아있는 한자 교과서」, 휴머니스트, 2004. p. 49

을 때 함께 싸먹는 '상추'는 '생채(生菜)'에서 나왔고, '사랑'은 '사량(思量)'에서, '가난'은 '간난(艱難)'에서 왔어. 한겨울 장독대에서 얼음이 오슬오슬 얼어 있는 독에서 퍼낸 '동치미'도 사실은 '동침(冬沈)'이란 말에서 왔어. 심지어는 '사냥'이란 단어도 '산행(山行)'에서 왔고, 완전 우리말로 알고 있는 '흐지부지'란 말도 '휘지비지(諱之秘之)'에서 온 말이야.

"도무지 집중이 안 되네." 할 때 그 '도무지'라는 말도 사실은 한자야. 동사를 꾸미고 있기에 부사(副詞)같이 느껴지지만 이 말의 품사는 명사(名詞)고 원뜻은 '도모지(塗貌紙)'야. 이것은 조선시대에 사사로이 행해진 형벌로 물 묻힌 한지(韓紙)를 죄인의 얼굴에 발라놓으면 물기가 말라가면서 서서히 숨을 못 쉬어 죽게 되는 잔인한 형벌을 뜻했지. "우리 식구는 단출해요." 할 때의 그 '단출'도 한자인 '단출(單出)'에서 나온 글자야. 글자 그대로 말하면 간단하게 나왔다는 뜻이야.

심지어는 돈이란 말도 칼을 뜻하는 '도(刀)'에서 유래되었는데 고려 말까지 전(錢)과 도(刀)는 함께 화폐를 의미하다 조선시대 한글창제 후 '돈'으로 통일된 거야. '돈'은 한 사람이 많이 가지면 칼(刀)의 화를 입는다는 뜻으로 쓰이기도 했는데 고대 무덤에서는 명도전(明刀錢)같은 칼 모양의 화폐도 나온다는구나.

"고것 참 가관이네." 할 때의 그 '가관'이란 글자도 한자에서 온 말이야. '가관(可觀)'이라고 쓰는데 '옳을 가(可) 볼 관(觀)' 이렇게 쓴다. 이 말은 원래 '볼만하다'는 뜻으로 긍정적인 의미로 쓰였으나 지금은 우습고 격에 안 맞는 걸 지칭할 때 사용되지.

우리가 자주 쓰는 '점심'이란 말도 한자에서 나왔어. 아침과 저녁은 때와 끼니를 동시에 이르는 말인 반면, 점심(點心)은 끼니를 이르는 말이었지. 선종(禪宗)에서 선승(禪僧)들이 수도하다가 시장기가 돌면 마음(心)에 점(點)을 찍듯이 간단히 먹는 음식이라 해서 붙여진 이름이야. 물론 중식(中食)은 일본식 표현이야.

끝으로 "어제 밤새도록 악몽에 시달렸다." 할 때의 그 '시달리다'란 말도 한자야. '시타림(尸陀林)'에서 나왔는데 인도 중부 왕사성 북쪽에 있는 숲의 실제 이름으로 일종의 공동묘지야. 인도인들은 사람이 죽으면 힌두교의 전통에 따라 화장하는데 여기서 시체를 태웠대. 이곳은 평소에도 어둡고 공포와 질병이 창궐해서 들어가는 것 자체가 고역이었다는구나. 수도승들이 여기에서 수도를 하면서 고통에 시달렸다고 해서 나온 말이야.

어때, 참 재미있지? 이처럼 우리말과 한자는 떨어지려야 떨어질 수 없는 운명을 타고 났단다.

뿌리와 같은 기독교교리(基督敎敎理)

기독교교리는 또 어때? 넌 이제 막 기독교 신학을 배우기 위해 신학교에 들어갔고 신학훈련을 시작했으므로 기독교와 성경을 잘 모르지만 예수님을 사랑하잖아? 그 예수님에 대한 이야기를 누구나 이해할 수 있게, 체계적으로 만든 게 도그마(Dogma) 즉, 교리(敎理)라는 거야. 이 교리는 나무로 말하면 뿌리와 같은 거지. 뿌리가 건강해야 줄기와 가지가 강건하듯 교리는 수많은 잘못된 학설(學說)과 무서운 박해(迫害) 속에서도 우리 교회를 지난 2천 년간 보호해 왔고, 수많은 기독교인들에게 살아가야 할 바른 길을 제시해 왔어.

너 이단(異端) 알지? 영생교니, 여호와증인이니 하는 사람들 말이야. 이 '이단'이라는 말도 기실 '다를 이(異) 바를 단, 혹은 끝 단(端)'이야. 즉 '바르지 않은 것' 혹은 '끝이 다른 것'이지. 다 같은 것처럼 보여 혼동하기 십상이고, 옳은 건지 그른 건지 구분하기 힘든 거야. 그래서 많은 사람들이 이단에 넘어가는 거지. 모두 같고 한두 가지만 다르기 때문에 이단이 되는 거란다. 그러나 한두 가지만 다르다고 옳은 건 아냐. 오히려 가장 중요한 것이 다르면 모든 게 같아 보여도 다르다고 할 수 있지. 이런 이단으로부터 우리 교회를 지켜왔던 것이 바로 교리야. 그러니까 교리 또한 우리 그리스도인의 삶에 있어서 분리될 수 없는 대단히 중요한 거란다.

교리는 우리 신앙의 뼈대야. 시집 온 멸치가 문어에게 그랬다지? "여긴 뼈대 없는 집안"이라고…. 뭐든 그렇지만 신앙의 뼈대가 서 있어야 한단다. 가설(假說)이 정설(定說)을 대치하고, 무신론적 실존주의와 물리 제국주의가 2천 년 내려온 신앙의 자리를 대치하는 이 무서운 세속화의 물결 속에서 보배로운 진리를 간직하고 보존하는 길은 교리를 잘 알고 소중히 여기는 길이라고 믿어서 아버지는 이런 가르침을 네게 주는 거란다.

글의 한계(限界)와 범위(範圍)

먼저 이 글은 신학논증서(神學論證書)가 아니야. 게다가 한자(漢字)를 연구한다고 해서 한자책(漢字冊)은 더더욱 아니란다. 아버지는 신학을 공부하긴 했지만 너희 학교 교수님들처럼 전문적으로 평생 그 일을 하지 못했어. 게다가 한양대에서 국문학 공부를 하면서 고전문학에 심취되어 여러 연구를 진행한 바 있지만 한문학자는 아냐. 헬라어, 히브리어의 도움을 받으면 성경을 쉽고, 자세하고도, 정치(精緻)하게 읽어낼 수 있는 것처럼 어려운 기독교교리를 한자(漢字)의 도움을 받아 흥미 있고, 쉽게 설명하려는 것뿐이야. 나는 평소에 세 가지 맛인 미(味)가 있어야 책도 읽히고, 사람도 모이고, 강의도 들린다는 생각이 들어 이런 작업을 해왔는데, 세 가지 맛(味)이란 흥미와 재미, 그리고 의미란다. 이 글은 이를테면 〈한자로 쉽게 풀어 쓴 기독교교리〉 같은 것이지.

화자(話者)로부터 발설된 메시지가 수신자에게 도착하기까지는 여러 기관과 경로를 거쳐야 하는데 아버지는 그 중 한자(漢字)라는 도구를 이용하는 거야. 이 한자 연구는 내가 직접 여러 날 기도하고 묵상(默想)하며 고민해서 적은 것도 있고, 번개처럼 뇌리에 떠오르는 영감(靈感)을 포착해서 잡아 놓은 것도 있지만 많은 부분은 여러 한문학자나 신학자, 선배들의 글을 인용했단다. 수 백 권의 한문책을 살펴보면 해석이 거의 비슷한 부분이 많이 나오는데 이것은 그분들도 또 다른 사람들의 책을 인용(引用)했다는 걸 증명하지. 본인들이 여러 날 고민하며 연구해서 만들어 낸 것도 있지만 사실 해 아래 새것은 없단다. 지금 내가 하고 있는 이 말도 아주 오래 전부터 누군가가 내게 가르침을 주었고 영향을 미쳐, 습득되고 체득된 지식들이 튀어나오는 것이야. 그러나 이 연구를 진행하는 동안 참으로 많은 분들의 도움을 받았어. 지적재산권 때문이기도 하지만, 저자가 힘들게 이룩한 연구실적을 인정하기에 저자 개인의 독특한 업적이나 사관(史觀), 그리고 시각(視角) 등은 출처를 밝혀 놓았고, 일반적인 사항이나 상식 등은 그대로 기술했지. 그리고 맨 뒷장에 참고도서를 적어 놓았단다.

따라서 이 책 1부는 왜 이 글을 썼으며, 범위를 어디까지 할 것인가 하는 서론 격으로 기술했고 2부는 한자의 기원과 간략한 중국 역사에 대해 설명했단다. 그러나 중국역사를 기록하되 근대 시기 이전, 즉 청나라의 멸망까지만 썼어. 그래야 이 책의 범위 안에 들 테고 처음 목적에 부합될 테니까 말이다. 3부는 본격적으로 한자(漢字) 속에 나타난 기독교신앙과 그 의미를 기술했단다.

앞부분은 조금 딱딱하고 지루하게 여겨질지 모르지만 갈수록 재미있고 흥미진진할 테니까 끝까지 읽어보고 큰 깨달음과 교훈이 있었으면 싶단다.

2부

한자와 간추린 중국 역사

1장 간추린 중국 역사

아들아, 이제부터 쬐끔만 딱딱한 이야기, 즉 중국 역사에 대해 이야기를 하려 해.

중국은 세계 4대 문명 중 하나로, 지금으로부터 약 100만 년 전에 중국 운남성(雲南省) 원모(元謨)에서 최초의 원시인류가 발견되었어. 이를 원모인(元謨人)이라고 해. 물론, 한국 창조과학회를 중심으로 많은 신학자들과 믿음 있는 학자들이 구약의 연대기를 바탕으로 인류 역사를 1만 년 미만으로 주장하고 있단다. 상당히 일리 있는 주장이고 학설이지만 아직 모두에게 정설로 받아들여지진 않았단다. 따라서 아버지는 그동안 네가 배워 온 인류사를 그대로 적용해서 설명하마. 원모인 이후 약 50만 년 혹은 40만 년 전에 북경(北京) 주구점(周口店) 일대에서, 직립 보행을 하고 간단한 도구를 사용할 줄 알며 불을 사용했던 북경인(北京人)이 나타났어. 약 7천 년에서 6천 년 이전 황하(黃河)유역과 장강(長江)유역에 출현한 앙소(仰韶)문화는 모계 씨족사회를 구성했고, 약 5천 년 이전 황하유역에서 출현한 용산(龍山)문화는 부계씨족사회를 구성했으며, 이 두 역사단계에 인류는 이미 각종 석기를 마제할 수 있었고, 도기를 발명했단다. 이를 신석기(新石器)시대라 하지.

너 학교에서 우리나라 역사를 배울 때 어떤 역사책에 근거를 두었는지 기억나니? 그래. 일연이란 승려가 쓴 「삼국유사(三國遺事)」와 김부식이 저술한 「삼국사기(三國史記)」에 근거를 두고 역사를 연구한단다. 중국도 마찬가지로 근본적인 역사 연구서로 쓰는 책이 사마천(司馬遷)이 쓴 「사기(史記)」란 책이야.

이 책을 근거로 중국 역사에 대해 간략한 설명을 할게.

1. 삼황오제(三皇五帝) 시기

1) 삼황(三皇)

고대 중국의 기원을 삼황오제로 잡는데 3황은 복희씨(伏羲氏), 신농씨(神農氏), 여와씨(女蝸氏)를 말하며 여와씨 대신 수인씨라고도 해. 이걸 다른 말로 천황(天皇), 지황(地皇), 인황(人皇) 또는 태황(泰皇)이라고도 한단다.

복희씨는 인간에게 물고기 잡는 법을 가르쳤고, 신농씨는 농사법을, 그리고 여와씨는 인간을 창조했다고 전해진단다. 수인씨는 인간에게 불 사용법을 가르쳐 인간문명에 획을 그은 자로 여겨지기도 하지.

신농씨는 다른 말로 "불임검" 즉 염제(炎帝)라고 불리는데 이 염제 신농씨는 수렵과 사냥으로 생을 연명하던 인간들에게 농사법을 가르침으로써 농경사회를 이루는데 일조했고, 신농씨의 이름이 새겨진 화폐가 발견되면서 시장의 기원을 열었으며, 특히 문자를 발명하여 자신의 이름을 기록함으로써 최초로 문자를 발명한 분으로 여겨진단다.[2]

여와씨는 이름이 좀 누구와 비슷하지 않니? 그래, 유대교와 기독교에서 사용하는 여호와라는 하나님 이름과 비슷해. 우리가 믿는 여호와 하나님과 그 이름이 흡사하다는 거야. 이 여와씨가 혼돈한 인간 세상을 바로잡고 인간을 창조한 분이었다고 알려져 있어.

여기서 잠깐! 기독교와 중국 역사, 특히 한자에 관련된 중국 역사를 연계시켜 주장하는 분들이 있는데 하버드 대학교 엔칭 연구소에 있는 C. H. 강이란 중국인 목사님과 넬슨(Nelson)이란 신학자가 그들이야. 이들은 고대 중국에서 처음으로 문자가 만들어진 때가 기원전 2500년경이고 그 후 수세기에 걸쳐 문자가 만들어졌다고 한단다. 바벨탑이 무너지던 때가 기원전 2218년경이므로 바벨탑 몰락을 경험한 일꾼의 무리들이

---

2) 趙玉九, 「21세기 설문해자(說文解字)」, 백암출판사, 2005. p. 29

중국으로 흘러들어와 문명을 일궜는데[3] 이들 사상 속에는 이미 기독교 신앙이 자리하고 있었다는 거야. 그래서 중국인들은 고대시대부터 유일신(唯一神) 사상을 가지고 있었고 이들이 섬겼던 상제(上帝)를 중국말로 "쌍띠"라고 읽는데 이것도 히브리어의 "샤다이(전능하신 하나님)"에서 온 거라는 주장이야.

이렇게 중국으로 흘러들어와 황하문명을 만들 때 이들은 상형문자로 의사소통을 해야 할 필요를 느끼게 되었기 때문에 단어와 그림에 의한 체계로 독특한 문자를 발명하게 되었다는 거야.[4]

2) 5제(五帝)

그런데 사마천의 사기는 이 시대를 믿을 수 없었던지 전설로 치부하고 5제부터 역사를 시작하고 있어.

5제는 5명의 임금(帝)을 일컫는 말로써 황제헌원(黃帝軒轅), 전욱고양(顓頊高陽), 제곡고신(帝嚳高辛), 제요방훈(帝堯放勳) 그리고 제순중화(帝舜重華)가 그들이었단다. 이들을 그냥 쉽게 황제(黃帝), 전욱(顓頊), 제곡(帝嚳), 요(堯), 순(舜)이라고 해. 여

---

3) C. H. Kang & E. R. Nelson, 이강국 역, 「한자에 담긴 창세기의 발견」, 미션하우스, 1991. p. 16. 이들은 이 책에서 창세기 11장에 나오는 바벨탑 사건으로 동쪽으로 이동해온 사람들이 황하유역에 정착하여 한족(漢族)의 조상이 되었고, 일부는 남만주 일대와 한반도까지 이르러 우리 한민족(韓民族)의 조상이 되었다고 주장하고 있다. 중국 한족들이 바벨탑이 있었던 메소포타미아 근처에서 이주해 온 여러 증거들을 대는데 고대 중국인의 예술이나 학문, 그리고 통치 구조를 살펴보면 후기 바벨론과 아시리아의 문명과 상당한 유사점이 있음을 지적하고 있다. p. 29

4) C. H. Kang & E. R. Nelson, 「창세기의 재발견」, 고봉환 역. (서울 1990년) p. 21

기서 3황(三皇)이라고 할 때의 '황제 황(皇)'과 5제 중 첫 번째 임금인 '황제(黃帝)의 황(黃)' 자가 다른 것에 주의할 필요가 있을 거야. 너도 잘 알다시피 중국 역사상 가장 평화롭고 이상적인 국가였다는 요(堯), 순(舜)시대가 바로 이때야.

그런데 많은 학자들이 지금까지 이의 없이 내려오던 학설에 의문을 제기했어. 즉 요, 순시대가 이상적인 국가가 아니었다는 거야. 요 임금은 매, 부엉이로 표현될 만큼 혹독하고 매서운 인물로 왕권을 위해 쿠데타를 일으켰다고 하고, 순 임금 때에는 사회 대변혁이 일어났는데 어머니 중심의 모계사회(母系社會)에서 아버지 중심의 부계사회(父系社會)로 바뀌었다는 거야. 이때부터 재산의 급속한 사유화가 진행되었고, 권력다툼을 위한 헤게모니 싸움이 심해졌으며, 그러므로 실질적으로 이상사회가 붕괴되기 시작했다는 거야. 모계중심 사회에서는 가족의 일원임을 나타내는 성(姓)자에 '계집 녀(女)'가 들어갔다는 거지. 즉, 그 당시에는 어머니의 성(姓)을 이어받고 아버지의 씨(氏)를 물려받게 되었다는 거야. 그런 의미에서 '아들 자(子)'도 원래는 아들이 아니라 '사위'를 뜻하는 글자였다는 거야.[5] 또한 '사위(嗣位)'란 단어도 '이을 사(嗣) 자리 위(位)'자를 쓰는데 아들이 아닌 딸의 남편, 즉 사위가 후계자가 되어 자리를 이었다는 거야. 성경에 자주 나오는 '후사(後嗣)'라는 말도 '뒤 후(後) 이을 사(嗣)'라고 해서 뒤에 이어 자리에 오른 사람을 가리키는데 이것도 무척 흥미롭지 않니?

5) 趙玉九, 「21세기 설문해자(說文解字)」, 백암출판사. (서울 2005년) p. 82

어쨌거나 실제로 중원대륙의 왕으로 군림한 자는 기원전 2230년 순(舜) 임금 때인데 전술(前述)했듯이 이때 바벨탑(기원전 2218년)이 무너진 시날 평지(지금의 이란)에서 중국으로 흘러들어온 무리들이 있었다는 거야. 바벨탑 사건 이후 언어의 혼잡으로 인해 새로운 거주지를 찾아 산과 강을 누비는 무리들은 야만인이 아니었대. 그들의 전 거주지였던 바벨에서부터 건축술과 수학, 기하학과 금속제련술 등을 이미 터득하고, "성읍과 탑을 건설하여 그 탑 꼭대기를 하늘에 닿게 할 만큼"(창 11:4) 발달한 과학기술을 가진 사람들이었다는 거야. 그런데 이런 사실은 좀 더 실증적인 고증(考證)을 덧붙여야 할 거야. 어쨌든 공자는 '시경(詩經), 서경(書經), 역경(易經)'이라는 삼경을 편찬했는데 그중 서경에서 중국 요, 순시대부터 주나라 때까지 정사에 관한 내용을 정리했어. 기원전 2230년경 순 임금 때 이미 하늘에 계신 상제(上帝, 샹띠)께 제사를 지냈다는 기록이 있는데 이런 제사를 가리켜 〈국경제사(國境祭祀)〉라고 일컬었어. 이는 황제가 하짓날에 국경의 맨 북쪽에 가서 제사를 드렸고, 동짓날에는 국경의 맨 남쪽에 와서 제사를 드렸기 때문이라는 거야.[6]

---

6) C. H. Kang & E. R. Nelson, 「창세기의 재발견」, 고봉환 역. (서울 1990년) p. 37

2. 하나라, 은나라, 주나라 시기

1) 하나라

하(夏)나라는 중국 역사상 최초의 국가라고 알려져 있어. 기원전 21세기에 세워진 이 나라는 500년간 지속되어 오다 은나라의 탕왕에게 망했다고 전해진단다. 치수(治水)에 능했던 우임금 때 전성기를 누렸다는데 고고학적으로는 실증되진 않았어.

2) 은나라

문명이 발달한 나라는 은(殷)나라야. 이 은나라는 다른 말로 '상(商)나라'라고도 하는데 기원전 16세기 하남성(河南省) 안양현(安陽縣)을 중심으로 오랫동안 번영하며 갑골문자와 청동기 문화를 꽃피웠는데 이 나라도 처음엔 전설 속의 나라로만 치부해오다 19세기 말 마지막 수도였던 은허(殷墟)에서 유물들이 발견되면서 세상에 알려지게 되었단다.

3) 주나라

주나라(西周)는 기원전 11세기경에 섬서성(陝西省) 호경(鎬京)에 도읍을 둔 주나라가 일어나 은나라를 멸망시키고 봉건적 지배체제를 확립했어. 주나라는 통치를 공고히 하기 위해 분봉제(分封制)를 시행했는데 이로써 왕권이 약화되어 무왕 때는 봉건제후와 같은 위치로 전락하고 말았던 거지.

3. 춘추전국 시기 – 동주(東周) 시기(기원전 770~221년)

기원전 770년 주나라는 북방민족이 자주 침입하고 제후에 대한 통제력이 약화되자 수도를 낙양(洛陽)으로 옮겼는데 이 때가 동주(東周) 시기야. 너 혹시 춘추전국이란 말 들어봤니? 그래. 바로 이때를 이르는 말이야. 동주는 춘추(春秋)와 전국 (戰國)의 두 단계가 있어서 춘추전국 시기라고 하며, 이때에 비로소 중국은 봉건시대로 진입했어. 그럼 이전의 시대를 뭐라고 해야 할까? 그렇지! 봉건제 사회 이전은 우리가 흔히들 노예제 사회라고 하는 거야. 춘추시기는 기원전 770년부터 기원전 476년까지인데 이 말은 공자가 쓴 책 「춘추」에서 나온 말이고 전국시대는 기원전 475년부터 기원전 221년까지인데 전국시대에는 여러 제후국(諸侯國)이 존재하며 서로들 경쟁, 대립관계에 있었는데 사회 변혁도 격렬했지. 이 시대에 제자백가(諸子百家)가 출현했어. 제자백가란 도가, 유가, 법가, 묵가, 음양가 등을 말하며 각 제후 밑에서 군사, 문화, 산업 등을 부흥시켰고, 이것이 그 이후 중국 문화의 원천이 되었단다. 공자나 맹자 등이 활발히 활동한 때였지.

4. 진한 시기(기원전 221~기원후 220년)

1) 진나라

너 진시황(秦始皇) 알지? 중국을 통일하고, 만리장성을 쌓고 신하들에게 있지도 않은 불로초(不老草)를 구해오라고 했던 패역군주 말이야. 그 진시황이 활동한 때가 이때야. 바벨론과의 무역을 통해 엄청난 부를 획득, 그 부를 기초로 사병(私兵)을 양성해서 막강한 권력을 휘두른 장사꾼 '여불위(呂不韋)'가 있는데 그의 아들이 바로 '여정'이란 사람이야.

기원전 221년 전국시대 때 제후국의 하나였던 진(秦, Chin)나라의 '여정'이 왕이 된 후 자신이 진나라 최초의 황제란 의미에서 진시황(진나라 진(秦) 처음 시(始) 황제 황(皇))이란 명칭을 사용하고 함양(咸陽)에 도읍을 정했어. 군현제(郡縣制)를 실시하여 중앙집권적 전제국가를 건설하고, 도량형을 통일하는 업적을 이뤘는데 중국을 칭하는 차이나(China), 즉 지나(支那)라는 명칭의 기원은 바로 이 진나라에서 유래한 거야. 그러나 너무 엄격한 법률 지상주의 정책을 시행한 결과, 많은 신하들과 이웃 국가의 화를 불러 3대 때 유방에게 망하고 말았단다.

2) 한나라

기원전 206년 유방(劉邦)이 장안(長安)에 도읍을 정하고 건국하여 한나라 시대를 열었는데 이 시기를 서한(西漢)이라고 한단다. 한나라는 유교를 국교로 하여 한문화를 집대성했는데 한무제(漢武帝)의 통치기간(기원전 140~87년)이 한나라가 가장 강성한 시기였어. 이때 대외교류 활동이 활발하여 유라시아를 연결하는 비단길(Silk Road)을 개척한 시기기도 해. 기원후 25년 한나라는 장안에서 다시 낙양으로 천도했는데 이 시기를 후한(後漢)이라고 한단다.

1세기경 인도의 불교가 중국으로 전래되었고, 105년에는 채륜(蔡倫)이 민간에서 통용되던 종이 제작 방법을 집대성하여 종이 제작 기술을 발명했어. 한나라 때는 유교가 장려되어 훈고학이 크게 발흥했지.

2세기 말이 되자 후한(後漢) 타도를 외치며 일어난 농민대반란이 있었어. 머리에 누런 수건을 썼기 때문에 '황건(黃巾)의 난'이라 불렸는데 영제(靈帝, 168~188년) 때 장각(張角)이란 사람이 태평도(太平道)라는 종교를 만들어 스스로를 대현량사(大賢良師)라 부르며 일으킨 난이야. 죄에 대한 반성과 참회로 질병을 치유하고, 태평세대를 초래할 수 있다고 주장하며 포교하다가 난을 일으켰는데 관군의 파견으로 실패한 후, 후한 통일왕조는 몰락의 길을 걷게 되었고 기원후 220년 멸망했단다.

5. 위진 남북조 시기(기원후 220~589년)

황건(黃巾)의 난이 일어난 뒤 후한(後漢) 왕조가 몰락하자 중국 전역은 이른바 군웅할거 시대가 도래하게 되는데 우리가 잘 아는 삼국지의 배경이 되는 시대야. 이때로부터 수(隋)나라의 문제(文帝)가 진(陳)을 멸망시키기까지(221~589년) 370년간의 시기를 말한단다. 후한 몰락 후, 조조의 위(魏), 유비의 촉(蜀), 손권의 오(吳)로 분열된 삼국시대(220~280년)가 도래하는데 위나라의 촉나라 병합 후(265년) 다시 진(晉)의 사마염이 중국을 통일(280년)하게 되지. 이를 서진(西晉)시대라 해.

또 다시 서진의 내분 끝에 흉노에 멸망하여 5호(흉노, 선비, 갈, 저, 강)의 16국이 흥망(316~439년)한 시기가 5호 16국시대야. 그 후 진의 일족이 난징에 동진(東晉)을 세워(317년) 남조(南朝)를 이루고 5호 16국이 선비족이 세운 북위(北魏)에 의해 수습되어 북조(北朝)를 이룬 시기가 남북조시대(439~589년)야.

위진 남북조시대는 중요한 역사의 전환점이 되는데 이 전에 발달한 화북의 중국 문화가 강남으로 이동하고 강남이 경제 중심지가 되기 시작한 거야.

6. 수당 오대 시기(기원후 589~960년)

581년 수(隋)나라가 건국되면서 중국은 다시 통일되었어. 수나라는 대운하를 건설하여 남북 교통을 편리하게 했고, 과거 제도를 시작해서 인재를 고루 등용하기 시작했지. 그러나 우리가 잘 아는 대로 수양제(隋煬帝) 때 고구려와의 전쟁 중 살수 대첩의 을지문덕(乙支文德) 장군에게 대패함으로써 내란이 일어나 멸망했단다.

618년 당(唐)나라의 이연이 장안에 도읍을 정하고 건국하여 약 300년 간 중국 땅을 지배했어. 이때는 중국이 봉건사회 중 가장 강성한 시기였고, 경제가 발달하고 주변 민족관계도 원만하여 장안의 인구는 약 100만에 이르렀대. 또한 당나라의 정치제도와 학문적 진보는 주변 국가에 커다란 영향을 미쳤고, 특히 당나라의 여러 제도는 이후 중국 역대 국가 통치체제의 전형이 되었을 뿐만 아니라, 우리나라와 일본, 월남에도 도입되어 통치의 기본 조직이 되었어. 통일신라시대 최치원이 당나라에 유학하며 이름을 떨치다가 신라로 돌아온 후 진성여왕에게 시무책을 올려 개혁을 추진했지. 의상과 함께 당나라에 유학을 가던 원효 대사가 어느 동굴에서 해골에 고여 있던 물을 마시고 큰 깨달음을 얻은 후 돌아와 일심과 호쟁 사상을 주장하고 다닌 것은 다 아는 사실이잖니? 그는 요석공주(瑤石公主)와의 사이에서 설총(薛聰)을 낳은 뒤에는 스스로 소성거사(小性居士), 복성거사(卜性居士)라고 칭하며 서민 속으로 들어가 불교의 대중화에 힘썼지.

또한 우리가 알다시피 나당(羅唐) 연합군이 고구려와 백제를 멸망시킨 것도 바로 이때란다.

당의 멸망 후 중국은 5대(五代) 10국(十國)으로 약 60년 간 분열되어 군벌들이 각지에 정권을 수립해 난립되었다가 송(宋)나라에 의해 다시 통일되었단다.

7. 송원 시기(기원후 960~1368년)

960년 송(宋)나라에 의해 다시 통일된 중국은 북송(北宋)시대가 도래했지. 송나라 때는 중국 봉건사회가 쇠퇴기로 접어드는 전환기여서 진취적인 개척과 창조 정신이 감소하고 문화적 경향은 보수적이 되었단다. 그러나 송나라는 도시와 시민문화가 발전한 중요시기로 많은 중요 도시가 이때 출현했고, 각종 통속적인 예술형식의 희곡과 소설 등이 매우 유행했어. 그런데 북방 소수민족이 자주 출몰하여 송나라를 위협하자 1127년 장강 이남으로 천도하여 남송(南宋)시대를 열게 되었지. 이로부터 북방의 선진적 문화와 경제의 중심은 황하유역에서 장강유역으로 이전되었는데 이때 주자학(성리학)이 발달했단다.

한편 북방에서는 거란족, 여진족, 몽고족이 차례로 요(遼), 금(金), 원(元)나라를 건국하여 그 세력이 엄청 강했는데 송나라를 멸망시킨 것은 북방의 몽고족 세력이야.

해광이 너 칭기즈칸 알지? 그 칭기즈칸이 바로 몽고족인데 이 몽고족은 1271년 원나라를 세우고 1279년 중국을 통일했으며, 대도(大都, 지금의 북경)에 도읍을 정했어. 원나라는 유럽과 아시아에 걸치는 대제국을 건설하고, 유럽을 호령했지만, 민족과 사회의 모순이 격렬해져 통치기간은 100년을 채우지 못했단다.

8. 명청 시기(기원후 1368~1912년)

일시적 무력을 바탕으로 원나라는 한족(漢族)을 정복했지만 결국 인구와 문화 수준의 열세를 감당하지 못해 중원에서 변방으로 쫓겨났고, 1368년 한족 주원장(朱元璋)이 명(明)나라를 남경(南京)에 세웠단다. 1421년 명은 수도를 다시 북경으로 옮기고 송나라 이래 발달된 군주 독재의 중앙집권적 전제국가를 확립했지. 이 시기엔 양명학(陽明學)이 발달했으며 임진왜란 후 쇠퇴해져서 이자성에게 멸망당하고 말았단다.

1616년 중국 동북부의 만주족(여진족)의 누루하치가 세운 나라가 세력을 확장해가다 1644년 명을 누르고 북경에 들어와 중국의 지배자가 되었단다. 처음엔 이들도 자신을 "금(흔히들 후금)"으로 불렀는데 세력이 강화되자 이른바 청(淸)나라로 고쳐 불렀지. 바야흐로 청나라의 시대가 열린 거지. 청나라는 한족의 명나라뿐 아니라 주변의 몽골, 위구르, 티베트를 모두 정복하여 몽골 제국(원나라)을 제외한 역대 중국 왕조 중에서 가장 큰 영토를 이루게 되며, 이민족으로서는 가장 오랫동안 중국을 지배했단다.

청나라의 정책은 기본적으로 명나라와 유사하여 청나라 통치자들은 명나라 후기와 일맥상통하는 쇄국정책을 선택했어. 이러한 정책은 서양과의 통상과 교류를 거절하여 스스로를 외부세계로부터 고립시켰고 결국은 국가의 쇠약을 자초(自招)하게 되었지. 혹시 조선 후기 실학파(實學派)라고 들어봤니? 그래, 연안 박지원 선생 등이 중심이 되어 청나라의 발달한 학문과 과학 기술을 도입하자고 주장했던 세력 말이야. 원래 조선은 공자, 맹자를 숭상한 명나라에 우호적이었는데, 만주족이었던 누루하치가 청나라를 세우자 자존심이 상한 거야.

그래서 조선에서는 북쪽(청나라)을 정벌해야 한다는 이른바 북벌론(北伐論)이 등장했는데 이들과는 정반대로 북쪽을 배워야 한다는 북학파(北學派), 실학파가 등장했던 거야. 혹시 우리가 청나라의 발달한 사상과 학문, 서양의 과학문명을 먼저 받아들였다면 일제 강점기와 같은 아픈 역사는 없었을지 몰라.

해서 "역사는 어제와 오늘의 끊임없는 대화"라고 갈파한 역사학자 카아(E. H. Carr)의 말을 귀 담아야 할 거야.

결론적으로 청나라는 고증학(考證學)이 발달하고, 과학문명이 활발했지만 쇄국정책으로 스스로를 고립무원(孤立無援)으로 만든 후 신해혁명(1911년)으로 숨통을 이어오다 1912년 선통제 푸이 황제 때 원세개(袁世凱, 위안스카이)에게 멸망당하고 말았단다.

위안스카이는 1882년 임오군란을 빌미로 조선에 군사를 이끌고 들어왔다가 1894년 청일 전쟁 때 일본에 패함으로써 본국으로 쫓겨 갔던 인물이지. 어쨌든 위안스카이가 중화민국의 대총통으로 취임하면서 그 영토를 계승했고 다수당인 국민당을 탄압하며 독재를 휘둘렀는데 이때부터 지난 수천 년간의 중국의 왕정 군주제는 폐지되었던 거지.

이후 1949년에 중국 본토가 마오쩌둥(毛澤東)이 이끄는 공산당한테 넘어가 중화인민공화국이 되었고, 국민당 정부는 타이완 섬으로 도피하여 중화민국(오늘의 대만)이 된 거란다.

2장 한자의 기원

　중국은 워낙 큰 나라지. 러시아, 캐나다에 이어 세계 3번째로 큰 땅덩어리뿐 아니라 인구로도 세계 1위고, 14개국과 국경을 접하고 있어. 중국의 좌에서 우까지 거리는 5천 킬로미터가 넘는데 56개의 소수민족으로 구성되어 있고, 그중 대부분이 자신의 언어를 가지고 있지만 단지 21개 민족만이 자신의 문자를 가지고 있단다. 즉 말을 사용한다고 해서 모두 문자를 쓰는 건 아냐. 한족과 회족, 만주족 등 3개 민족은 한자를 사용하고, 조선족, 몽고족, 티베트족(Tibetian), 장족(藏族), 장족(壯族), 위구르족 등 11개 민족은 자신의 고유 문자와 통용 문자를 사용하며, 묘족(苗族) 등 7개 민족은 고유 문자를 갖고 있으나 별로 사용하지 않고, 나머지 34개 민족은 숫제 자신의 문자를 갖고 있지 않단다.

청나라 말기인 1909년, 육비규(陸費逵)가 '일반 교육에 속자(俗(體)字)를 채용해야 한다'고 간략화 운동을 주장한 이래 1919년 5·4 운동 이후 중국의 전통 문화와 가치에 대한 반발이 심해졌어. 그 가운데 한자를 중국 근대화의 장애물로 여기는 경향이 커졌는데 한자를 간략화하거나 아예 없애자는 주장들이 지식인들에 의하여 강하게 제기되었지. 5·4 운동을 이끈 푸쓰녠(傅斯年)은 한자를 일컬어 "소와 뱀 같은 귀신의 문자다(牛鬼蛇神的文字)"라고 혹평했어. 중국의 대문호 루쉰(魯迅)은 "한자가 망하지 않으면 중국이 반드시 망한다(漢字不滅, 中國必亡)"라고까지 주장했단다.

1956년 마오쩌둥이 집권한 공산당 정권 시에 총리였던 저우언라이(周恩來)의 지휘 아래 중국에서는 일부 한자를 간소화시킨 간체자(簡體字)를 정자(正字)로 규정하여 사용하고 있는데 현재 2,235자의 간체자가 있단다. 간체자 이전 글자를 뭐라 할까? 간체자와 대조적으로 번체자(繁體字)라고 해. '번거로울 번, 혹은 무성할 번(繁)' 자야. 즉, 간체자(簡體字)는 말 그대로 번체자의 복잡한 글자를 간단하게 고친 한자야. 우리가 배웠고, 배우고 있는 한자는 번체자에 더 가까운데 중국인은 일상적으로 간체자를 더 많이 쓰고 있단다.

홍콩이나 대만 등지에서는 우리에게 익숙한 번체자를 쓰고 중국 대륙과 싱가포르, 말레이시아 등지에서는 간체자를 쓰고 있어. 특히 2012년부터는 중국 교육부가 '2012년 대학교 신입생 모집을 위한 전국 대입시험 업무규정'을 발표했는데 번체자로 작문을 하면 안 된다고 발표했어. 그러나 간체자만 쓸 경우 학생들의 옛 한자 해독 수준이 떨어질 것이라는 우려의 목소리도 있지만 역사나 고고학 전공 학생이 아닌 일반 학생들까지 번체자를 익혀야 할 필요는 없다고 주장하는 사람들이 있어서 번체자 사용 금지에 대한 의견이 여전히 분분하다고 해.

그러면 한자는 도대체 언제, 어떻게 만들어진 걸까? 지구 인구 중 오분의 일도 더 사용하고 있는 이 한자의 기원이나 지은 이에 대해선 정확한 해답이 아직 없단다. 어떤 사람들은 3황 5제 시기에 염제 신농씨가 최초의 문자를 만들어 자신의 이름을 표시하는 기원을 이루었다며 이때부터 문자가 기원했다고 주장하고 있어.[7] 그러나 학계에서 아직은 보편적인 지지를 받고 있는 게 아니어서 더 연구가 필요할 거야. 대체로 몇 가지 설(設)이 내려오고 있지.

창힐조자설(倉頡造字說)과 팔괘기원설(八卦起源說), 도화기원설(圖畵起源說), 결승설(結繩說) 등 여러 기원설이 있지만 그중 창힐조자설(倉頡造字說)과 도화기원설(圖畵起源說), 두 가지 설이 가장 유력하단다.

1. 창힐조자설(倉頡造字說)

첫 번째, 아주 오랜 옛날, 중국의 전설적인 왕인 黃帝(황제)

---

7) 趙玉九, 같은 책. p. 29

가 나라를 다스리던 때, 사관을 지낸 창힐(倉頡)이라는 사람이 만들었다는 설이 있어. 이 학설은 중국 사람들이 가장 신봉(信奉)해 온 학설이야. 황제의 사관 창힐이 사냥터에서 짐승을 쫓다가 바닷가에 이르러 새와 짐승들이 남긴 발자국을 보고 문자를 만들었다는 거야. 그런데 창힐이 문자를 만들자 하늘에서 곡식이 비처럼 내리고, 밤중에 귀신들이 울고 다녔대. 이것을 '천우속(天雨粟), 귀야곡(鬼夜哭)'이라고 해. 문자를 발명하자 하늘이 축하해서 곡식을 비처럼 내렸다는 말이고, 귀신이 밤중에 울며 다녔다는 것에는 두 가지 해석이 있어 왔단다.[8]

첫째 해석은 사람이 문자를 발명함으로써 더 이상 귀신을 섬기지 않을 거라서 귀신이 울고 다녔다는 말이고, 둘째는 '귀(鬼)' 자가 '토끼 토(兎)' 자와 흡사해서 잘못 썼기에 벌어진 오해라는 말이야. 즉 사람들이 문자를 만들고 글자를 쓰려면 붓이 필요하고, 그러려면 그만큼 토끼가 희생당하게 될 터이니 자신의 처지를 생각해서 밤새 울며 다녔다는 거야.

그런데 나는 생각이 달라. 창힐이 문자를 만들 때는 아주 오래 전이야. 뒤에 나오겠지만 은나라에서 갑골문자가 발견된 것이 가장 오래된 문자인데 이건 수백 년이 흐른 다음이란다. 그리고 이 갑골문자가 발명된 이후에 또 한참의 시간이 흘러 기원후 105년 경 채륜(蔡倫)이 종이를 만들었다고 내가 말했지. 토끼털은 이 종이 재료가 나온 뒤부터 필요했던 거야. 갑골문은 거북 등이나 소의 넓은 뼈에 새긴 글자인데 칼이나 날

---

8) 조옥구, 같은 책. p. 10

카로운 동물의 뼈로 새기다보니 토끼털하곤 무관했던 거지. 내 생각에 이건 글자가 비슷하다고 해서 나중에 후세인들이 비스름하게 해석을 한 것 같아. 이 창힐(倉頡)이라는 사람은 실존이 확인되지 않은 전설상의 인물이고, 그렇게 많은 수의 한자가 창힐 혼자 힘으로 만들어졌다는 걸 믿는 사람은 거의 없단다.

오히려 문화대통령이라고 일컫는 이어령 선생님의 해석에 더 마음이 간단다. "정말로 이런 일이 있어났을 리 없지…. 사람한테 글자가 얼마나 중요한지 잘 나타내주는 이야기잖아. 글자가 없었다면 사람은 원시생활을 벗어나지 못했을 거야. 아무리 환한 대낮이라도 깜깜한 밤과 다를 게 뭐가 있겠니? 글자가 발명되고 나서야 어둡고 답답한 시대가 걷히고 밝고 풍요로운 시대가 시작되었어. 그러니 어둠을 다스리는 귀신이 울고 갈 만하지."[9] 어쩌면 글자의 발명이라 하는 것은 그리스 로마신화에 나오는 프로메테우스가 인간에게 불을 훔쳐다 준 사건과 비견될 만큼 엄청난 것이야.

2. 도화기원설(圖畵起源說)

또한 한자(漢字)의 초기 형태를 보면 그림을 방불케 하는 것들이 많고, 그림이야 말로 누가 보더라도 그 뜻을 쉬 짐작케

9) 이어령, 「생각이 뛰어노는 한자」, 푸른숲 주니어, 2009. p. 21

하는 것들이지. 그래서 '그림기원설'을 부인(否認)하는 학자들은 별로 없단다. 그러나 수 만 자에 달하는 한자 가운데 그림과 연관된 이른바 상형(象形) 문자는 기껏해야 500여 자에 불과하단다. 따라서 모든 한자의 어원을 그림에서 유래를 찾으려고 하는 것은 우물에서 숭늉을 찾는 것과 같단다.

결론적으로 한자는 오랜 세월을 거치면서 많은 사람들에 의해 만들어지고 다듬어져 오늘날과 같은 모습을 갖추게 된 것이야. 가장 오래된 한자의 형태는 약 3,500년 전, 황하유역에서 발달한 은나라 때 만들어진 갑골문자(甲骨文字)란다. 초기에는 3천 자 정도이던 것이 한(漢)나라 때에는 1만 자, 당송(唐宋) 때에는 3만 자, 청(淸)나라 때에는 4~5만 자를 헤아릴 정도로 불어났고 지금은 그 수를 가히 헤아리기 어렵지만 6만 자가 훨씬 넘는다고 해.

3. 갑골문자(甲骨文字)

지금까지 알려진 한자(漢字)의 최초 형태는 '갑골문자(甲骨文字)'야. 이 문자를 발견하게 된 게 신기하고 재미있단다. 1899년 중국 베이징에 사는 관리 왕의영이 말라리아라고 알려진 하루거리에 걸려 끙끙 앓았다지 뭐니. 용하다는 의원을 다녀보고 백방으로 약을 써보았지만 효험을 보지 못하고 있던 차에 용뼈가 특효약이란 말을 들었대. 그래서 그는 지푸라기라도 잡는 심정으로 용뼈들을 사들였어. 이 용뼈는 거북의 등뼈나 소뼈였는데 상인들이 용뼈라고 속여 시장에 유통하고 있었다는 거야. 그런데 그러던 중 왕의영은 용뼈에 새겨진 이상한 글자들을 발견하게 되었어. 보통 사람 같으면 그냥 넘어갔을 텐데, 왕의영은 옛날 비석이나 거기에 새겨진 글자를 연구하는 학자였어. 그래서 마침 자기 집에 머무르는 유철운과 함께 그 글자들을 연구하기 시작한 거야. 그리고는 그 글자들이 고대부터 내려오는 글자임을 알게 된 거지. 그러나 불행하게도 왕의영은 여러 사건에 휘말려 불귀의 객이 되고 유철운이 몇 년 동안 끈기 있게 추적해서 그 뼈가 옛날 은(殷)나라의 궁궐 터에서 출토되었음을 알아냈던 거야. 당시만 해도 은나라는 전설 속에만 존재하는 나라라고 모두들 치부해 버리고 있었는데 그 실재가 드러난 거야.

이 글자의 내용은 하늘에 제사를 지내고, 운수들을 적어놓은 문자들이었대. 즉 고대문자는 제사와 관계가 있었던 거지. 유철운의 끈기 있고 심오한 연구로 책이 나오고 약 3천여 자가 지금껏 발견되었는데 거북이 등뼈와 소뼈에 새겨진 글자라 해서 '갑골문자(甲骨文字)'라고 부르고 있단다. 이 문자는 기원전 14세기 중엽부터 12세기까지 약 300년에 걸쳐 당시 사람들에 의하여 직접 작성된 것임을 판단할 수 있는데 학자들은 그때로부터 계산해서 이미 갑골문자(甲骨文字)는 적어도 500년 정도의 발달을 거쳐 온 것으로 추정하고 있어.

결론적으로 한자는 만든 사람, 시기, 장소를 꼬집어서 말할 수 없기 때문에 학계(學界)에서는 '非一人一時一地(비일인일시일지)'라는 말을 쓴단다. 즉 한자는 공장에서 물건이 찍혀 나오듯 어느 특정 인물에 의하여 어느 날 어떤 곳에서 고안된 것이 아니라, 여러 사람들에 의하여 오랜 세월에 걸쳐 여러 장소에서 만들어졌고 앞으로도 끊임없이 만들어지고 사라질 운명을 지닌 글자, 즉 생명력이 있는 글자란 뜻이란다.

3장 한자의 역사

1. 한자의 효능

한자는 어떤 경로로 오늘 우리 손에 들어오게 된 걸까?

글의 서두에 아버지가 한자의 기원에 대해 말했던 거 기억나지? 한자를 누가, 언제, 어디서, 만들었는지를 규명하는 것은 무척 힘들고 게다가 불가능할 정도로 어려운 일이란다. 대신 한자의 이해를 돕기 위해 한나라 시대에 한자를 집대성하여 그 쓰임새를 다시 한자로 풀어낸 「설문해자(設文解字)」란 책이 있는데 지금까지 내려온 책 중에서 가장 권위 있고 인정받는 책이란다. 이 책의 저자인 허신(許慎)이 말하길 "상고시대 성인 복희씨(伏羲氏)가 최초로 위로는 천문을, 아래로는 지리를 관찰하고 팔괘를 창조하여 이로써 객관적 세계를 표상했다. 그 후에 또 성인 신농씨(神農氏)가 새끼줄로 매듭을 지어 사건을 기록하는 방법을 발명했다. 그러나 이러한 방법들은 복잡한 객관적 사물을 완전히 표현해 낼 수 없어서 폐단이 많았다. 황제(黃帝) 시대에 이르러 사관 창힐(倉頡)이 진정한 의미의 문자를 창조했다. 이로 인하여 천하를 통치할 수 있었으며, 한자는 이렇게 생겨난 것이다."

이 글에서 허신은 한자의 창제에 성인인 복희씨와 신농씨가 관여했으나 "복잡한 객관적 사물을 완전히 표현해 낼 수 없어서 폐단이 많았다"며 진정한 의미의 문자는 창힐에 의해 만들어진 것임을 밝히고 있지. 그런데 중요한 것은 "문자의 발명으로 말미암아 천하를 통치할 수 있었다"는 구절이야. 즉 한자창제가 문명을 발전시키거나 인간 사이의 소통의 도구, 그리고 문화를 후세에 전하는 기능 뿐 아니라 천하를 통치하는 수단으로 사용되었음을 알려주는 구절이지. 문자를 지니고 그 문자를 사용하여 기록하고, 흔적을 남기는 것이 그렇지 못한 종족이나 백성들을 지배하는 강력한 수단이 된다는 말이야.

성경이 기록된 당시의 고대 근동 지방에서는 상대방의 이름을 알고 있는 것은 그 사람에 대한 지배권을 의미했지. 당연히 주인은 노예의 이름을 지어 주거나 알고 있었고, 부모가 자녀의 이름을 명명함으로써 지배권을 갖고 있었어. 창세기에 보면 하나님께서 만물을 만드신 다음에 아담에게 이르시는 말씀이 있는데 이것은 곧 아담의 사명이자 특권이었어. "하나님이 그들에게 복을 주시며 하나님이 그들에게 이르시되 생육하여 땅에 충만(充滿)하라. 땅을 정복(征服)하라. 바다의 물고기와 하늘의 새와 땅에 움직이는 모든 생물을 다스리라 하시니라"(창 1:28) 하시며 아담으로 하여금 세상을 지배하는 구체적인 방법을 보여 주시는 구절이 있지. "여호와 하나님이 흙으로 각종 들짐승과 공중의 각종 새를 지으시고 아담이 무엇이라고 부르나 보시려고 그것들을 그에게로 이끌어 가시니 아담이 각 생물을 부르는 것이 곧 그 이름이 되었더라. 아담이 모든 가축과 공중의 새와 들의 모든 짐승에게 이름을 주니라"(창 2:19~20)는 구절과 일맥상통하는 말씀이지.

출애굽기에 보면 하나님께서 호렙산에서 양을 치던 모세를 가시떨기나무 가운데서 부르시는 기사가 나오지? 불은 붙었는데 타지 않는 가시떨기 나무에서 모세를 부르신 하나님은 이스라엘을 구원해 내라는 사명을 주셨어. 그때 모세는 두려움에 떨며 하나님이 주시는 사명을 거부하면서 "내가 누구이기에 바로에게 가며 이스라엘 자손을 애굽에서 인도하여 내리이까"(출 3:11)라며 항변하는 게 나와. 게다가 한 술 더 떠서 모세는 "내가 이스라엘 자손에게 가서 이르기를 너희의 조상의 하나님이 나를 너희에게 보내셨다 하면 그들이 내게 묻기를 그의 이름이 무엇이냐 하리니 내가 무엇이라고 그들에게 말하리이까"(출 3:13) 하고 하나님의 이름을 묻는 장면이 나와. 그때 하나님은 "나는 스스로 있는 자니라"(출 3:14)라고 말씀하시며 모세의 질문을 일축하시지. 즉 "나는 나다(I am who I am).")라는 대명제 선언이야. 이건 단순히 이름을 알고 있다는 의미가 아니라 상대방에 대한 지배관념과도 관계가 있어 그랬던 거야.

현대를 지식정보사회라고 하지. 이 사회에서는 정보를 가진 자가 상대를 지배하고 컨트롤하게 되어 있어. 마찬가지로 한자가 만들어지던 당시에는 이름을 알고 있는 자가 상대를 압도하고 지배했듯, 문자를 가진 자가 상대를 지배하고 통치하는 능력을 갖게 되었던 거야. 그런 면에서 허신의 이런 지적은 상당한 의미를 가진다고 할 수 있을 거야.

2. 한자의 변천사

1) 갑골문(甲骨文)

실존하는 자료로서 가장 오래된 문자는 1903년 은허(殷墟)에서 출토된 은대(殷代)의 갑골문자(甲骨文字)가 있어. 기원전 14 12세기에 사용된 것으로 추정되는 이 문자는 당시의 중대사(重大事)를 거북의 등이나 짐승 뼈에 새겨 놓은 실용적인 것이었지. 여기서 중대사라 함은 신께 제사 지내는 것을 말하는데 이처럼 한자의 처음 창제목적은 제사와 부득불 관계가 있단다. 이 갑골문자는 이미 회화와는 거리가 멀고, 조자방법(造字方法)에서도 육서(六書)를 갖추고 있어서, 문자가 갖추어야 할 것에 조금도 손색이 없는 단계에 이르고 있지. 전문가들이 "현대 한자의 체계를 갖춘 최초의 시원자는 바로 갑골문"이라고 하는 이유가 거기에 있단다.

2) 금문(金文)

갑골문의 위세에 밀려 아직은 제대로 인정받지 못하고 있지만 오제시기(五帝時期)의 금문에 대한 연구가 진행되고 있어 갑골문보다 시대가 앞선 고금문(古金文)이 있다고 주장하는 학자들이 있단다.[10] 금문이란 말 그대로 금속(청동기)에 새겨진 글자를 말하는데 짐승의 뼈(갑골)보다 늦을 거라는 선입견 때문에 제대로 평가받지 못했지만 금문에 새겨진 어떤 글자는 갑골문보다도 훨씬 원시형태를 띠고 있다는 견해야.

특히 오제금문(五帝金文)은 은나라 때 주로 사용된 갑골문보다 무려 1,000년이나 앞선 것인데 그 가운데에 "아버지 누구"라는 식으로 사람의 이름자를 표시하는 금문이 있음으로 특히 명씨금문(命氏金文)으로 불리고 있단다.[11] 현재까지 밝혀진 금문의 수는 9천여 자로 알려져 있으나 이 가운데 풀이가 가능한 것은 이제 겨우 1,000자에 불과하단다.

3) 대전(大篆)과 소전(小篆)

원시상형 금문체와 갑골문의 회화성을 살리면서 한 단계 발전한 글자가 대전(大篆)이야. 이 대전을 좀 더 간편하게 정리한 글자가 진시황 통일기에 만들어진 소전(小篆)이지. 진나

---

10) 趙玉九, 같은 책. p. 11
11) 趙玉九, 같은 책. p. 12

라 때 승상이었던 이사(李斯)가 만들었다고 해. 대전과 소전을 합해 전서(篆書)라고 하는데 허신의 「설문해자」는 이 전서체의 글자로 풀이한 책이야. 따라서 박재성 같은 학자는 C. H. Kang 목사와 E. R. Nelson 교수가 쓴 「한자에 담긴 창세기의 발견」이라는 책이 해서체(楷書體)의 글자로만 창세기 글자를 풀어내서 전혀 다른 뜻을 표현했다며 아쉬워하고 있단다.[12]

4) 예서(隷書)

진시황의 어사(御使)였던 정막이란 사람이 감옥에 갇혀 소전을 정리해서 만든 글자가 바로 예서(隷書)라는 글자체야. 이 정막(鄭邈)은 진나라에서 감옥의 사무를 담당하는 관리였는데 죄를 범하여 감옥에 갇히게 되었대. 그가 무료한 시간을 면해 보려고 이전에 관리로 근무할 때 보았던 한자들을 조금 더 쉽게 써보기를 반복하다 긴 획은 짧게 줄이고, 상하로 이어진 결구를 좌우로 정리하는 식으로 모양을 다듬어 만든 예서(隷書)를 보고 진시황이 매우 흡족해 했다는 설이 있어. 문제는 그때까지만 해도 옛 상형문자의 형체를 유지하던 한자가 예서로 정리되는 과정에서 대부분 그 회화성을 잃고 단순한 형태로 탈바꿈하게 되었다는 거야.

5) 해서(楷書)

후한의 왕차중(王次仲)은 한예(漢隷)를 다시 개량하여 해서

---

12) 박재성, 「한자에 숨어있는 성경이야기」, 도서출판 나, 2011. p. 41

(楷書)를 만드니, 그 뒤 이깃이 정체(正體)라 불리고, 표준자체
가 된 것이란다.

6) 기타 글자체들

한나라 때에는 예서가 통행문자로 되니, 이를 금문(今文)이
라 하고, 선진(先秦)의 죽간(竹簡)에 쓰인 과두문자(蝌蚪文字)와
종정(鐘鼎)에 쓰인 금석문자(金石文字)를 고문(古文)이라 총칭
하게 되었어. 이 과두문자는 올챙이처럼 생겼다 해서 "올챙이
과(蝌) 올챙이 두(蚪)" 해서 과두문자란 용어가 생긴 거란다.

삼국 이후에는 필사에 편리한 초서(草書)와 행서(行書) 등이
생기고, 육조(六朝)와 당나라 때에는 서도(書道)가 크게 행하여
지게 되었지. 초서는 풀이 바람에 따라 흔들리듯이 심하게 휘
어 쓴 글자고 행서는 말 그대로 걸어가며 쓴 글자처럼 이리저
리 휘갈긴 글자처럼 보여서 이런 이름을 가지게 된 거란다. 이
처럼 글자의 자체와 서체(書體)가 이에 두루 갖추어지게 된 것
이란다.

3. 한자의 원리 – 육서

한자의 조자원리에는 육서(六書)라는 게 있는데 허신(許愼)
이 한자를 세심하게 들여다보며 한자 속에 나타난 여러 원리
들을 종합해서 편집한 거야. 허신은 참으로 탁월한 학자였어.

「설문해자」 속에 9,353개의 한자를 일일이 이런 원리들을 세심하게 밝혀 놓고 해설한 거야. 이 원리를 따라가 보면 한자는 무조건 어렵지만은 않고, 체계적이고 재미있다는 걸 금방 알 거야.

1) 상형(象形)

상형이라는 말의 뜻은 '물형(物形)을 그린다' 혹은 '형상을 생각한다'로 해석할 수 있으니 대개 그 원리가 회화(繪畵)에서 멀지 않은 것으로 볼 수 있어. 천지에 있는 사물 중에서 그림을 그리듯 형상을 보고 그것으로 글자를 삼는 방법이니 육서 중에서도 기본적인 방법이라 할 수 있어. 다만 상형문자로만 만들어진 글자가 그다지 많지 않은 거야.

송나라 때 사람 정초(鄭樵)의 통계에 의하면, 그가 분류한 문자 총수는 2만 4,235자였는데 그중 상형자는 608자에 불과했어. 상형이 육서의 기본이지만 그것만으로 모든 글자를 만들 수는 없었던 것이지. 상형으로 만들어진 글자는 어떤 것이 있을까? 봉우리가 솟아있는 형상의 산(山)이나, 물이 흐르는 모양을 본뜬 '내 천(川)', 나무가 밑으로 뿌리를 뻗은 모양을 띤 '나무 목(木)' 그리고 '해 일(日), 달 월(月), 눈 목(目)' 등이야.

2) 지사(指事)

지사(指事)는 상사(象事) 혹은 처사(處事)라고도 하고 '손가락 지(指)'와 '일 사(事)' 자를 써서 글자 그대로의 뜻은 '일을 가리킨다'가 되나, 추상적인 개념을 나타내기 위한 글자야. 상형으로 그려낼 수 없는 문자를 나타낸 것이라 할 수 있지. 상형은 형상을 본떴으므로 그 형상이 일정하게 일종(一種), 일류(一類)의 물상에서 나오지만, 지사는 일정한 사상(事象)을 그려내기에 물상이 한 가지가 아니라 여러 가지에 걸쳐 있어. 이때에 이 여러 가지에서 나타나는 사상을 그려내야 하는 것이므로 지사의 방법으로 만들어진 글자는 많지 않단다.

예를 들면, '위'와 '아래'를 어떻게 표현하면 될까? 세상에서는 본떠서 표현할 수 없기에 '한 일(一)'을 긋고 위에다 점을 찍어 '위 상(上)' 자를 만들고 이번엔 아래에다 점을 찍어 '아래 하(下)' 자를 만든 거야. '일(一), 이(二), 삼(三), 오(五), 곤(丨)' 등이 이와 같단다.

3) 회의(會意)

이미 만들어진 두세 글자의 뜻을 모아, 또 다른 뜻을 나타내는 방법이야. '회의(會意)'의 글자 그대로의 뜻은 '뜻을 모은다' 이듯이 두세 글자를 모아 만든 글자야. 내가 뒤에 나오는 성경 글자를 풀어내는 원리를 이 방법으로 주로 썼어. 모아지는 글자는 상형과 지사, 회의와 뒤에 나오는 형성 등 어느 글자라도 상관없어.

너 한자로 노인 알지? '늙을 로(老)' 이렇게 쓰고, 아들이란 뜻은 '아들 자(子)' 이렇게 쓰는데 이 두 글자를 합해 놓으면 '효도 효(孝)'자가 되는 거야. 즉, 효도란 아들이 노인을 등에 업고 있는 모습을 이렇게 두 단어를 조합해서 만든 것이지. 사람이 쉰다는 뜻도 '나무 목(木)' 곁에 '사람 인(人)'을 붙여 둠으로써 '사람이 나무 그늘에서 쉰다'는 뜻으로 '쉴 휴(休)'자를 만든 거야.

또한 회의자는 자세히 살펴보면 여러 가지로 분류되는데 '수풀 림(林)' '간사할 간(姦)'처럼 같은 글자로 만들어진 동체회의(同體會意 혹은 同文會意)가 있고 '휴식 휴(休)'나 '믿을 신(信)'처럼 다른 글자로 이뤄진 이체회의(異體會意)가 있으며 '효도할 효(孝)'에서처럼 두 글자를 조합하면서 자획을 가감시킨 변체회의(變體會意)라는 것도 있단다.

4) 형성(形聲)

한 글자를 이루는 구성요소 중 한쪽은 의미(뜻)를 지시하고, 나머지 한쪽은 음성을 지시하는 거야. 이를 상성(象聲) 혹은 해성(諧聲)이라고 부르기도 하나 지시하는 바는 같아. 이 형성은 한자 구성법 중 가장 널리 쓰이는 것으로 문자 전체수의 8~9할이 이 방법으로 이루어져 있다고 보면 돼.

옥편을 어떻게 찾지? 그래 흔히들 부수(部首)로 글자를 찾아보는 자전(字典)을 옥편이라 하는데 같은 부수 아래 많은 글자가 모여 있는 것을 보았을 거야. 이들 부수는 대개 의미를 나타내는 요소, 즉 형부(形符)에 음성을 나타내는 요소, 즉 성부(聲符)가 결합되어 한 글자로 표시되어 있는 거야.

예를 들면, '江, 河'와 같은 글자는 '물'을 뜻하는 왼쪽의 수부

(水部)가 형부이며, 오른쪽의 ‘工, 可’가 성부로 되어 있어. 같은 형부와 같은 성부가 언제나 꼭 같은 의미와 음성을 지시하지는 않지만 대개 공통으로 관련된 의미를 지시하며, 같은 성부는 대개 비슷한 음성을 지시하고 있는 것이야. 즉, 목부(木部) 아래 수록된 글자는 대개 나무와 관련된 글자를 뜻하며, 공(工)을 성부로 가진 글자는 그 음성이 공(工)과 같거나 가까운 것이야. 예를 들면, ‘松, 柏, 梨’는 나무 이름이고, ‘江, 紅, 空’ 등은 그 음성이 서로 비슷하단다.

5) 전주(轉注)

전주에 대한 해석은 의견이 분분하나 대개 두 가지 설로 요약할 수 있어. 첫째는 전주를 ‘구성’, 즉 조자법(造字法)으로 보느냐 혹은 ‘운용(運用)’하는 용자법(用字法)으로 보느냐에 따른 것이라 할 수 있어. 전자(前字)는 청나라 때의 강성(江聲)이, 후자(後字)는 단옥재(段玉裁)란 사람이 대표자라고 할 수 있어.

모든 한자가 한 곳에서, 한 사람에 의해 일시에 만들어진 것은 아냐. 같은 뜻을 지시하면서 그 자형(字形)과 자음(字音)이 꼭 같지는 않더라도 대동소이한 문자가 둘 이상 있을 수 있잖아. 이른바 글자는 다른데 뜻은 같은 ‘이자동의(異字同意)’의 글자나, 반대로 글자는 같은데 뜻은 다른 글자를 나타내는 말이야.

즐겁다는 뜻의 ‘즐거울 락(樂)’은 ‘쾌락(快樂)’ 할 때는 그대로 쓰이지만 ‘음악(音樂)’ 할 때는 ‘풍유 악(樂)’으로 바뀌고 ‘요산요

수(樂山樂水)' 할 때는 '좋을 요'로 쓰이는 거야.

6) 가차(假借)

글자가 있기 전에 말이 먼저 있었고 말을 좇아 글자가 만들
어졌지만, 말만 있고 글자가 미처 만들어지지 아니한 경우도
생각할 수 있는 일이지. 이때 이미 만들어진 글자 중에서 그 말
과 음성이 같거나 비슷한 글자를 빌려 쓰는 것이 바로 가차(假
借)인 것이야. '거짓 가, 혹은 빌릴 가(假), 빌릴 차(借)'라고 해.

무리(群)를 지시하던 '붕(朋)'이 '벗'의 뜻으로 가차되고, 까
마귀를 지시하는 '오(烏)'가 감탄의 뜻으로 가차되며 '혁(革)'은
본래 '가죽'을 뜻하나 '고쳐 바꾸다'의 뜻으로 가차된 것이지.
뜻과는 전혀 상관없지만 말이 먼저 있었기에 비슷한 음의 글
자를 사용한 프랑스(佛蘭西), 피터(彼得), 에베소(以弗所), 히브
리(希佰來) 등도 같은 의미란다.

이처럼 육서란 한자를 이루고 있는 네 가지 구성법과 두 가
지 운용 방법을 말하는 것이란다. 그러나 금유길 씨가 지은
「한자의 기원」에서는 후한(後漢) 때 허신(許愼)이 만든 육서
(六書)의 원리가 금문(金文)에 의한 한자(韓字) 해석에서는 엉터
리로 판명이 되므로 한자(韓字)의 핵심은 우리 동이족(東夷族)
의 고어(古語)가 아니면 제대로 해석을 할 수 없다고 주장하고
있단다.[13]

---

13) 금유길, 「한자의 기원」, 무량수, 2011. p. 22

4장 경교(景敎)와 중국

이쯤 오니까 아버지가 걱정되는 게 있어. 지금껏 너무 딱딱하지 않았나 하는 점이야. 그러나 한자나 중국의 역사나 변천사(變遷史)를 알고자 할 땐 다른 해석이나 평가가 가미되지 못하고 순수한 실증주의적 논리로 풀어가기 때문에 당연히 재미가 없을 수밖에 없어. 뒤로 갈수록 흥미진진하고 신비스러울 테니 조금만 참고 따라와 주었으면 좋겠구나.

1. 경교(景敎)의 유래

먼저 중국에 기독교는 언제 처음 전래되었을까?
공식적인 기록은 기원 후 635년 당나라 태종 때라고 알려져 있어. 처음 중국에 온 선교사들은 페르시아로부터 건너 온 네스토리우스파 선교사들인데 조금만 더 자세하게 설명해 볼게.

기원 후 313년경 로마 황제였던 콘스탄티누스가 '밀라노칙령'을 발표하면서 기독교를 공인한 이후 지하에 잠적(潛跡)해 있던 기독교가 빛을 보고 지상으로 올라오면서 엄청난 부흥의 전기를 맞이했어. 마른 풀밭에 들불이 번져가듯 무서운 속도로 제국을 삼키며 부흥하고 있었어. 이렇듯 엄청난 부흥과 발전 뒤에는 항상 어두운 그림자가 드리우게 마련인지라 부흥한 기독교 안에 여러 가지 논쟁이 생겨나면서 문제가 불거지고 있었지. 이른바 '이단논쟁(異端論爭)' 혹은 '신학논쟁(神學論爭)'들이 그것이야. 이 논쟁들이 커져서 급기야 기독교 자체를 위협하고 로마 제국을 분열시킬 조짐까지 보이자 황제가 직접 나서서 공의회를 소집하기 시작했어. 이른바 〈4대 공의회〉란 회의야. 콘스탄티누스 황제는 기독교를 공인하고 얼마 지나지 않아 수도를 서쪽이었던 로마에서 동쪽에 위치한 비잔틴으로 옮겨 이름을 콘스탄티노플이라고 바꿨어. 후에 이슬람이 점령한 이후 다시 이스탄불이라고 명명되었기에 기실 이 세 가지 이름은 같은 한 도시를 일컫는 거야.

"그리스도는 피조 된 신이다, 예수 그리스도는 제 2의 아담이다." 라며 그리스도를 하나님과 동등하게 여기지 않고, 예속 된 존재로 여기는 사람들이 있었어. 이들은 "…아버지는 나보다 크심이라(요14:28)"는 신약성경 말씀을 근거로 '그리스도의 예속론(subordination)'을 주장한 '아리우스(Arius)'란 사람이야.

논쟁이 심각해지자 황제가 직접 325년에 니케아에서 회의를 주관해서 아리우스를 이단으로 정죄했는데 이것을 1차 공의회, 곧 〈니케아회의(325년)〉라고 하는 거야.

계속해서 그리스도의 양성론(兩性論)과 삼위일체론, 성령론 등이 주요 안건이 되어 계속 공회의가 열렸는데 '콘스탄티노플 회의(381년), 에베소 회의(431년), 칼케돈 회의(451년)' 등이야. 이를 가리켜 4대 공의회라고 하는데 그중 오늘의 주제가 되는 회의가 바로 431년 에베소에서 열렸던 공의회야.

당시에 그리스도의 인성(人性)과 신성(神性)을 주장하는 사람들로 나뉘어 심하게 논쟁했는데 그들 중에 콘스탄티노플 교회 감독이었던 네스토리우스(Nestorius, 381~451년)란 사람이 있었어. 이 자는 그리스도의 인성을 주장하며 "마리아는 예수의 어머니는 될 수 있어도 하나님의 어머니는 될 수 없다."는 〈마리아 신모설(神母說)〉을 반대하다 교권을 쥐고 있던 시릴(Cyril) 일파에게 몰려 431년 에베소 회의에서 정죄되어 이집트에서 유배생활 중 사망했단다.

2. 경교의 발전과 중국 전래

그러나 그의 주장을 신봉하던 사람들이 집단을 이루고 모임을 만들어 시리아를 거쳐 지금의 이란 지역인 페르시아로 망명하여 신앙생활을 계속했어. 교세가 확장되자 페르시아의 토착종교인 조로아스터교와의 갈등이 불가피하게 되었고, 얼마 후에는 이슬람교의 박해가 시작되자 네스토리우스 교인들은 인도 및 중앙아시아 일대로 옮겨가게 되었단다. 그러다 635년 당나라의 수도인 장안(長安)에 페르시아 승인 아라본(阿羅本)을 단장으로 하는 전도단이 당당히 입성하여 전파했는데 중국은 당나라 태종(太宗) 때였으므로 각 지역의 문화와 종교가 모두 포용될 수 있었고, 네스토리우스교도 경교로 수용되어 폭넓게 전파되었단다. 처음에 중국인들은 이 경교를 페르시아에서 유래했다며 파기경교(波斯經敎), 그 사원을 파기사(波斯寺)라고 불렀는데, 발생지가 페르시아가 아니라 대진국(大秦國, 로마)인 것을 알고, 745년에는 칙령에 의해서 파기사를 대진사(大秦寺)로 고쳐 불렀어. 경교가 중국에 전래된 635년은 신라의 선덕여왕 2년, 고구려의 영류왕 18년, 백제의 무왕 36년에 해당하며, 경교의 중국 전파에 관한 가장 중요한 자료인 대진경교유행중국비(大秦景敎流行中國碑)가 세워진 781년은 통일신라의 선덕왕 2년에 해당된단다. '대진(大秦, 로마)의 경교(景敎)가 중국에서 활동한 내역을 적은 비(碑)'란다.

3. 경교의 한반도 전래

방금 언급했듯 당시에 당나라는 우리나라 삼국(三國), 특히 통일신라와 밀접한 관계에 있었는데, 당나라 조정의 환영을 받으며 불교 못지않은 지위를 수 세기 동안 누렸던 경교가 우리나라에 영향을 미치지 않았다고 보기는 어렵지 않겠니? 그래서 많은 학자들이 신라시대 경교의 전래를 주장하며 1956년 경주에서 출토된 신라시대 유물 중 석기십자가와 철제십자가, 마리아관음상 등을 제시하곤 하는데 이 부분은 좀 더 많은 연구와 실증이 이루어져야 하리라 본단다.

4. 경교의 쇠퇴

당나라 무종(武宗)이 845년 회창연간(會昌年間)에 대대적으로 불교를 탄압할 때 외래종교도 일률적으로 금단했으므로 경교도 박해를 받아 급속히 쇠퇴해서, 송나라 초에는 경교의 모습을 중국 본토에서는 볼 수 없게 되었단다. 그러나 서북 변경 방면이나 중앙아시아에서 근근이 신앙이 유지되다가 11세기 몽고족이 유라시아에 걸친 세계제국을 건설하고, 모든 종교에 관용적인 태도를 취하자 다시 중원에 나타났어. 장강 하류에도 상당한 신도가 있었기 때문에, 1289년 이후 숭복사(崇福司)라는 관청을 설치해서 사무를 관장시킬 정도였는데 명나라가 부흥하자 다시 일체의 그리스도교가 금단되고, 네스토리우스교(景敎)도 자취를 감추게 된 것이란다.

5장 경교(景敎) 이전의 기독교

경교 이전에 기독교와 중국의 관계는 전무한 것일까?

공식적인 기독교의 전래는 위에서 서술했듯 기원후 635년 경교의 당나라 전래를 최초로 보고 있지. 그런데 그것만으로 충분한 설명이 되는 것일까? 그토록 오랜 시간 동안, 그렇게 넓은 땅덩어리에 살고 있던 중국인들과 기독교와의 만남은 이뤄지지 않았던 것일까?

이런 질문에 의문을 제기하며 고대중국인들에게 기독교 정신이 깃들어 있다고 주장하는 사람들이 있단다. 전에 말했던 「창세기의 발견」이라는 책을 쓴 넬슨 신학자와 C. H. 강이란 중국인 목사야. 이들은 기독교와 중국의 만남을 고대시대까지 추적해서 말하고 있어.

이들에 의하면 한자의 발생기원은 기원전 2500년경이고, 유교와 도교가 중국에 성행한 시기는 약 기원전 5세기며 불교가 중국에 소개된 것은 기원전 1세기경(67년)인데 공자, 노자, 석가의 가르침이 있기 전인 기원전 500년 이전의 종교에 대해서는 아는 것이 없다는 거야.

그런데 고대 중국인들은 유일신(唯一神)인 하나님을 섬겼다는 증거들이 도처에서 발견되고 있음을 증명해 보이고자 애쓰고 있단다. 고대 중국인들은 하나님을 "하늘 위에 계신 통치자"란 뜻의 상제(上帝, 샹띠(Shang Ti, 혹은 Shangdai))라고 부르고 모시는데 이것은 창세기 17장 1절과 시편 91편 1절에 등장하는 '전능하신 하나님' 곧 '샤다이(Shaddai)'와 원어상의 발음이 비슷함을 지적하면서 이 둘의 이름은 원래 같았다는 거야.

게다가 중국에 구전으로 전하는 대홍수 이야기가 있대. 지금도 중국에서는 자신들을 '누아'의 자손으로 믿고 있는 종족들이 있는데 이 '누아' 자손들은 고대 '창세기'에 나오는 '노아'와 발음이 비슷하다는 거야.

창세기 11장에 나오는 바벨탑이 무너진 이후 그 일꾼의 무리들이 메소포타미아 부근에서 출발해서 몽골, 중국, 극동아시아 쪽으로 이동했고 이들 중 일부는 황하유역에 정착하여 한족(漢族)의 조상이 되고, 일부는 더 동진하여 만주와 한반도까지 들어왔다는 거야. 그런데 이들은 바벨탑 사건을 경험한 터라, 그리고 흩어지는 터라서 그들에게 분명히 하나님 신앙이 있었을 거라는 추측이야. 따라서 이들이 한자(漢字)를 만들 때 자신들이 섬겼던 상제(上帝)와 조상들의 이야기를 담았을 것이 분명하다는 논리지.

6장 고대 중국인들의 종교성이 지켜지지 않은 이유

그렇다면 왜 고대 중국인들의 이런 상제신앙이 지금까지 잘 보존되어 내려오지 못했을까? 원래 이들의 신앙이 일본인들처럼 범신론(汎神論, pantheism)이나 다신론(多神論, polytheism)이 아니라 유일신론(唯一神論, monotheism)이었다면 그 귀하고 아름다운 전통이 왜 이어지지 않았을까?

이 어려운 문제는 중국 역사학자나 신학자가 답변해야 할 몫이지만 여기서 아버지는 두 가지만 짚고 넘어가려고 해.

1. 진시황(秦始皇)의 신격화

바벨론과의 무역을 통해 큰 부(富)를 축적하고 권력을 휘두른 장사꾼 '여불위'의 아들 '여정'이 왕이 된 후, 자신은 지금까지의 제후들과는 다른 왕이란 뜻으로, 3황 5제에 나오는 황제(皇帝)란 단어를 인용해 스스로를 최초의 황제란 뜻으로 시황(始皇)이라 칭했단다. 춘추전국시대를 지나며 수많은 제후국들이 존재했는데 그 중에서 크지 않던 진나라가 중원을 통일하고 통일왕국을 세우자 진시황은 통치를 위한 지배 이데올로기가 필요했던 거야. 그래서 그는 과거와의 단절을 선언하고 유일신 사상을 거부하며 자신이 황제이자 신으로 불리길 원했던 거지.

　게다가 이런 철권통치에 반대하는 학자들을 숙청했는데 이때 진시황의 만행을 기록한 책들이 세상에 나오자 400명의 유학자들을 생매장시키고 이 책들도 함께 불에 태우는 분서갱유(焚書坑儒)사건이 벌어진 거야. 물론 농사법이나 기술에 관한 책은 태우지 않고 자신의 통치이념이나 사건 기록 등을 모두 불태웠는데 애석하게도 이때 하나님에 관한 신앙이 실린 책과 바벨탑에 대한 기록, 그리고 창세기에 관한 기록 등이 모두 불탄 것으로 여기는 학자들이 있단다.[14]

　그래도 신하들과 제후들의 저항이 사그라지지 않자 생매장으로 그들을 다스렸으며, 그것으로도 불가능함을 깨닫자 드디어 그는 회유책으로 상제신(上帝神)을 인정하고 동서남북에 각각 신이 있다고 주장함으로써 다신론을 세우기에 이른 거지. 이런 신앙이 오래 지속되다 보니 세월의 흐름과 함께 상제 하

---

14) 박응순, 「단숨에 읽는 구약성경」, 엘멘출판사, 2006. p. 307

나님은 여러 잡신들 중 하나로 전락해서 고대 중국인들이 가졌던 귀한 유일신(唯一神) 사상이 사라지게 되었던 거야. 비슷한 시기 고구려는 10월의 제천의식을 가졌는데 이를 동맹(東盟)이라 하고, 부여는 영고(迎鼓), 그리고 동예는 무천(舞天)이라 불렀어. 오히려 중국 본토에서 사라진 유일신 신앙이 주변국들에게 영향을 끼치고 보존되어 왔던 거지.

2. 노장사상(老莊思想)과 도교(Taoism)의 발달

두 번째 눈여겨 볼 사항은 노장 사상과 도교(道敎)의 발달이야. 이 노장 사상을 공자의 유교와 혼동하는 사람이 있는데 전혀 다른 거야. 도교는 무위자연설(無爲自然說)을 근간으로 하는 중국의 대표적인 민족종교이자 철학사상이야. 황제(黃帝)와 노자(老子)를 교조로 삼은 중국의 토착종교로, 노자와 장자(莊子)를 중심으로 한 도가(道家)사상과 구별된단다. 도교는 후한(後漢)시대에 패국(沛國)의 풍읍(豊邑)에서 태어난 장도릉(張道陵)이 세웠다고 전하며, 지금도 타이완(臺灣)과 홍콩(香港) 등지에서 중국인 사회의 신앙이 되어 있단다.

장도릉 등이 도교를 처음 일으켰을 때만 해도 그 신도들 대부분이 어리석었으므로 종교라 하기에는 어설픈 데가 많았어. 그러나 도교가 일반 민중과 상류 지식층 사이에도 인기를 얻자 체계적인 교리와 합리적인 학설이 뒷받침 되면서 하나의 종교로서의 이론체계를 갖추기 시작했지. 3-4세기 무렵 위백양(魏伯陽)과 갈홍(葛洪)이 학술적인 기초를 제공했고 구겸지(寇謙之)가 도교를 천사도(天師道)로 개칭함으로써 종교적인 교리와 조직이 비로소 정비되었던 거야.

　도교의 특징은 다신론을 들 수 있는데 이들이 받드는 신들은 매우 잡다(雜多)할 뿐 아니라 시대에 따라서 새로 생기기도 하고 없어지기도 한단다. 그러나 일반적으로 가장 널리 제사 지내는 신에는 원시천존(元始天尊) 또는 옥황상제(玉皇上帝)가 있고 이는 다시 무형천존(無形天尊), 무시천존(無始天尊), 범형천존(梵形天尊)으로 변신하기도 해. 그리고 교조인 노자, 곧 노군(老君)도 원시천존의 화신(化身)이라고 믿고 있어. 결론적으로 이들은 수많은 신들을 제사 지내며 조상들이 가지고 있던 소중하고 아름다웠던 유일신 사상을 내팽개친 거야.

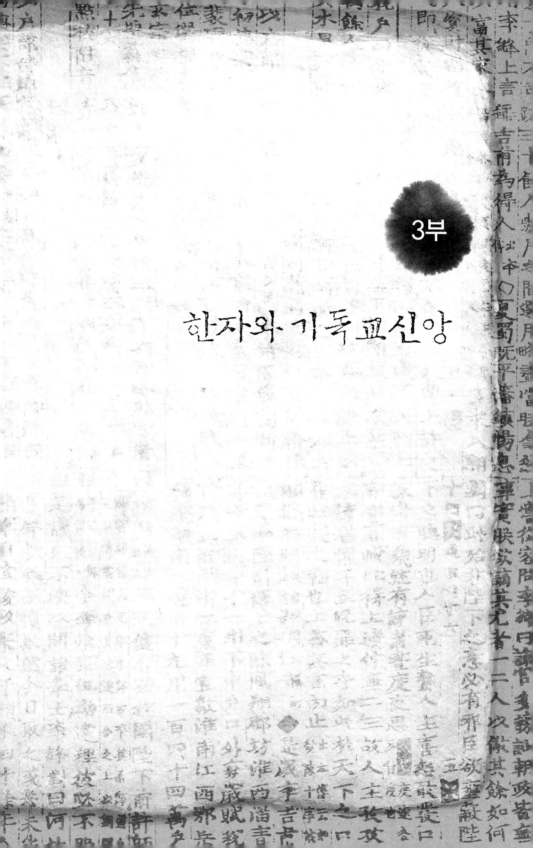

3부

한자와 기독교신앙

1장 천지창조(天地創造)

이제부터는 네가 기다리던 시간이야. 기독교교리에 대해 말하는 시간이거든. 조금 어렵고 지루할 것 같지만 천만의 말씀이야. 쉽고, 편하게 설명할 테니 잘 들어보렴. 네게 피와 살이 될 게야. 중국 한문학에 있어서 가장 탁월했던 문자학자 허신(許愼)이 쓴 「설문해자(說文解字)」와 성경에 근거해서 여러 단어들을 해석할 테니 눈여겨보았으면 좋겠어.

1. 세상은 누가 만들었을까?

처음 세상은 어떻게 만들어졌을까? 우연히 생긴 걸까? 아니면 누군가 분명히 만드신 분이 계신 걸까?

어떤 사람들은 세상이 우연히 생겼다고 주장하는 사람들이 있고, 더 나아가선 인간이 원숭이로부터 진화되었다고 진화론(進化論)을 주장하는 사람도 있단다. 너는 어떻게 생각하니?

1) 창조론(創造論)과 진화론(進化論), 그리고 유물론(唯物論)

만물의 영장(靈長)이라는 인간이 원숭이로부터 진화되어 왔을까?

오랜 옛날 희랍의 철학자였던 데모크리토스라는 사람은 유물론(唯物論)을 처음으로 주장한 사람인데 세상은 물질로 만들어졌고 물질로만 가득 차 있다고 주장한 사람이야. 유물론이란 '오직 유(唯) 만물 물(物) 논의할 론(論)'인데 그는 작은 원자(原子)가 밑으로 내려오면서 서로 부딪쳐 물질이 만들어졌다고 주장한 사람이지. 그런데 그런 걸까? 그렇다면 그 처음 원자는 어디서 생긴 걸까? 진화론(進化論)을 주장하는 사람들도 인간의 조상이라는 원숭이가 처음에 어떻게 생겨난 것이라는 사실을 증명하지 못하고 있어. 즉 진화론이란 것도 인간이 만든 것인데 변할 수 있는 가설(假說)에 불과하지. 절대진리(絶對眞理)가 아니야.

그런데 문제는 인간이 진화론(進化論)을 주장하고, 미국 학교에서 창조론(創造論)을 가르치지 못하게 한 1960년대 초반부터 학생들이 급속히 타락하기 시작하고 가치관(價値觀)이 혼란되었어. 인간 존재의 숭고한 가치를 부정하고, 인간 이하의 삶을 살기 시작한 거지. 당연한 것 아닐까? 인간의 삶이란 게 아무런 목적 없는 무목적성(無目的性)이고, 인간의 조상이 원숭이라고 한다면 삶에 무슨 중요한 가치가 있을 것이며, 아름다움이 있겠니? 타락하고, 무가치하게 사는 게 당연한 일이지.

그런데 이런 주장이 사실일까?

오래전 하나님의 말씀으로 기록된 성경은 분명히 이 사실을 논하고 있는데 세상은 하나님께서 태초에 창조하신 피조물(被造物)이라는 거야. 물론 세상이라는 말 속엔 인간도 포함되어 있지.

2) 창조주(創造主)와 사명(使命)

세상에 존재하는 모든 만물(萬物)은 그냥 생겨난 것이 하나도 없어. 모든 게 만들어진 목적이 있단다. 길가의 풀 한 포기, 나무 한 그루, 심지어는 잠시 있다 사라지는 구름도 만드신 분이 있고, 만들어진 목적이 있는 거야. 볼펜은 글을 쓰기 위해 만들어졌고, 책상은 공부하기 위해, 마이크는 소리를 증폭시켜 많은 사람들에게 소리가 잘 들리게 하기 위해 만들어졌듯 세상도 그냥 된 게 아니라 분명히 만드신 분이 계신 거야. 그분이 바로 하나님(神)이시고, 그분이 만드신 뜻이 바로 사명(使命)이라는 거야. 따라서 사람은 만들어진 대로 살 때, 즉 사명을 따라 살 때 행복해질 수 있는 거란다. 칼은 요리하거나 무엇을 자르도록 만들어졌고, 의자는 사람이 쉬거나 공부할 때 사용토록 제작되었으며, 컵은 목마른 사람이 물을 담아 마시도록 만들어졌어. 이것이 칼과 의자, 컵의 제작 목적이야.
그런데 만일 칼이 담을 넘어 온 밤손님의 손에 들리거나, 의자
가 패싸움을 하는 조폭의 손에 잡히거나, 컵이 말다툼하는 상
대방의 머리를 향했다면 처음 목적과 많이 어긋난 거야. 그러
면 이 물건들은 불행하게 쓰임 받는 거야. 인간도 마찬가지 아
니겠니?

3) 계시(啓示)

신 神

고대 중국인들은 하나님을 어떻게 표현했을까? '하나님!' 그
러면 떠오르는 형상은 어떤 것이었을까? 직접 하나님을 눈으
로 보진 못했지만 '적어도 하나님은 이런 분일 거야.'라고 생
각했던 바로 그 하나님은 어떤 분일까? 한자로 하나님이란 말
은 '신(神)'이라 쓰는데 '볼 시, 혹은 보일 시(示)' 변에 '아홉째
지지 신, 혹은 거듭하다, 말하다 는 뜻의 신(申)' 자를 옆에 붙
이는데 여기서 뒤에 붙은 '신' 자는 단순히 음을 맞추기 위해
쓰인 것이니 별 뜻이 없단다.

허신은 「설문해자」에서 '신(神)'을 풀이하기를 '천신 인출만
물자야(天神 引出萬物者也)'라고 했어. '하늘의 신이란 만물을
이끌어 낸 자'라는 뜻이야. 이것은 창세기 1장 1절에 "태초에
하나님이 천지를 창조하시니라"라는 말씀과 꼭 들어맞는 말

씀이지. 어때, 기가 막히지 않니? 그래서 이 글자를 '귀신 신 (神)' 자가 아니라 '하나님 신(神)'으로 당장 고쳐 불러야 한다고 주장하는 분들이 있어.[15] 어쨌든 이 글자에서는 다만 앞에 있는 글자가 중요한데 왜 이들은 하나님이란 말을 쓸 때 '본다'라는 뜻을 가진 말을 사용했을까?

이 글자는 정확히 말하면 '볼 시' 또는 '보일 시' 두 가지 뜻이 있단다.

먼저 '볼 시(示)'인데 고대 중국인들을 하나님은 모든 걸 보시는 분으로 여기고 있었어. 지난 번 내가 그리스와 불가리아, 마케도니아 등 발칸반도를 여행하면서 느낀 점이 있어. 여기는 동방정교회라는 종교가 유행했는데 대부분의 정교회 건물 맨 꼭대기에는 커다란 눈이 그려져 있든지, 아니면 하나님이 보좌에 앉아 세상을 내려다보고 있는 그림이 있어. 가이드가 설명하기를 하나님은 온 세상에서 일어나는 일들을 불꽃같은 눈초리로 지켜보고 계시는 분이라서 그렇대. 그래서 그 어마어마하게 높은 돔에 그림으로 이런 표현을 한 것이지.

다른 하나로 중국인들은 하나님을 '보여 주시는 분'으로 표현하고 있어. 고대 상형문자에 의하면 '보일 시(示)' 자가 벼락 칠 때 번개가 번쩍 하고 잠깐 하늘에 보일 때 그때 고대인들은 하나님이 자신을 잠깐 보여 주신 거라고 생각했었대. 하나님께서 자신을 보여 주실 때만 우리는 그분을 알 수 있는 거지. 이건 다른 말로 하면 '계시(啓示)'라고 하는데 '열 계(啓) 보

---

15) 박재성, 같은 책. p. 105

일 시(示)' 즉 '열어서 보여 준다'는 의미를 가지고 있단다. 사실 우리는 피조물이기 때문에 주인이신 하나님께서 보여 주셔야만 알 수 있는데 여기엔 세 가지가 있단다. 자연계시와 일반계시, 그리고 특수계시가 그것이야.

자연계시(自然啓示)는 말 그대로, 하나님께서 자연을 통해 자신을 드러내 보이시는 거야. 우리가 꽃을 보면 아름다움을 느끼고 저녁노을을 볼 때 황홀함을 느끼듯 자연을 통해 하나님께서 말씀하시는 것을 들을 수 있어야 해. 풀 섶에 핀 이슬방울과 산의 허리를 휘감고 도는 운무(雲霧), 아이의 웃음 등을 통해 살아계신 하나님을 느낄 수 있는 거야. 성 프란체스코가 나무에게 말했대. "내게 하나님을 보여 주겠니?" 그러자 나무가 꽃을 피웠대.

일반계시(一般啓示)는 인간들이 살아가는 삶 속에서 하나님을 볼 수 있는 거야. 작은 사건과 사태들, 그리고 역사를 통해 하나님께서 우리에게 말씀하시고 주관하시며 자신을 계시하시는 거야.

특수계시(特殊啓示)는 하나님께서 예수 그리스도를 통해 우리에게 자신을 보여 주신 사건이야. 주님의 탄생과 성장, 교훈과 고난, 그리고 십자가에서의 죽음과 부활 등이 모두 여기에 속해 있어. 요한복음에 보면 "태초(太初)에 말씀이 계시니라…"라고 시작하고 있지? 이 말씀이 바로 로고스(Logos), 즉 예수님이야. 우리는 하나님께서 보내신 예수님을 통해 하나님을 잘 알 수 있고 그 분의 뜻을 잘 발견할 수 있는 거란다.

시示

한자에서 '초월적(超越的)이거나 전지전능(全知全能)한' 단어를 표현할 때 반드시 나오는 부수가 있어. 바로 '보일 시(示)' 변이야. 어떤 사람은 이 '시' 자가 '씨앗'을 상징하는 '씨'에서 나왔다는 사람도 있어.[16] 여자가 시집가면 남편의 아버지를 뭐라 부르지? 그래, '시아버지'라고 해. '시댁, 시아주버니, 시동생' 등의 호칭에 모두 '시'자가 들어가 있어. 그래서 우스갯소리로 시댁과 사이가 안 좋은 며느리는 '시금치'도 안 먹고 성경도 '시편'은 안 읽는대. 어쨌거나 이 '시' 자가 바로 혈통을 이어주는 '씨앗'을 가지고 있는 남자의 집안이라는 뜻이었다는 거야.

「설문해자」에 따르면 허신은 '시(示)'를 '천수상(天垂象), 하늘(天)이 상(象)을 드리우는, 혹은 베푸는(垂)' 것이라 풀이하고, '견길흉(見吉凶) 소이시인야(所以示人也)'라 했단다. '길흉을 보고 사람들에게 보이는 것'이라 했어. 이어서 '종이(從二) 이고 문상자(二古文上字) 삼수(三垂) 일월성야(日月星也)'라고 썼어. 너무 어렵지? 그런데 집중해서 보면 어렵지 않고 참 재미난 풀이란다. 이 말은 '두 이(二) 자는 고문(古文)에서는 윗 상(上) 자로 나오고 밑에 세 개가 드리운 것은 해와 달과 별'을 뜻한다는 말이야. 여기서 '소(小)' 자처럼 보이는 글자는 사실은 '내 천

---

16) 趙玉九, 같은 책. p. 41

(川)'을 뜻하는 글자라는 거야.[17] 이 글을 어느 학자는 이렇게 설명했어. "하나님이 두 큰 광명을 만드사 큰 광명으로 낮을 주관하게 하시고 작은 광명으로 밤을 주관하게 하시며 또 별들을 만드셨다"(창 1:16)며 창세기의 말씀과 접목한 뒤, 그러므로 이런 내용을 간과한 채 '보일 시(示)'라고만 가르쳐왔던 사람들이 틀렸고, 이제부터 '하나님 시(示)'라고 바꿔야 하지 않을까 생각한다고[18] 주장하고 있어. 참으로 일리 있는 말이야.

삼위일체三位一體

나는 여기서 잠깐 다른 생각을 해보고 싶어. 우리나라뿐 아니라 세계에서도 '삼(三)'이란 단어는 완전수를 뜻해. 그래서 기독교에서 말하는 '삼위일체(三位一體)'도 완전성(完全性)을 가진 단어야. 성부, 성자, 성령 이 삼위(三位)의 하나님이 일체(一體), 즉 '하나'를 이루고 있다는 교리야. 기독교에서는 아주 중요한 교리지. 따라서 '삼위일체'를 '삼신론(三神論)'이라고 주장하며 반박한 안식교(安息敎)나 오직 한 분 하나님만 믿는다고 주장하는 '유니테리안(unitarian)'들을 우리가 배격하는 이유야.

우리 민족도 이 '삼'이란 숫자를 좋아해 왔어. 대문도 세 개가 하늘 높이 솟아 있는 '솟을 대문' 형태를 띠고, 장례도 '삼일장(三日葬)', 부모님이 돌아가셨을 땐 '삼년상(三年喪)'을 치렀고

---

17) 염정삼, 『설문해자주-부수자 역해』, 서울대학교 출판문화원, 2007. p. 22
18) 박재성, 같은 책. p. 104

영의정, 좌우정, 우의정 등 3정승이고, 행정, 입법, 사법 등 3권 분립이며, 씨름도 삼세판이야. 가위 바위 보도 삼 세 번을 하지. 심지어 「환단고기(桓檀古記)」에 보면 우리 민족의 시조인 단군왕검 이야기가 나올 때 항상 '환인(桓因), 환웅(桓雄), 단군(檀君)' 등 세 분의 이름이 등장하고 있잖아? 뭐라고? 이들에 관한 이야기를 잘 모르겠다고⋯. 우리나라 건국신화인데? 이 건국신화는 믿을만한 건 못되지만 우리나라 사람이라면 알아둘 필요는 있어. 그럼 여기서 간단히 설명해 볼게.

중국에서 '상제(上帝)'라고 일컫는 분과 같은 존재가 바로 환인(桓因)인데, 이 환인이 아들 환웅(桓雄)에게 천부인을 주며 인간세계를 다스리라고 했어. 환웅은 풍백, 우사, 운사 등 3천 명을 거느리고 태백산 밑에 내려와 신단수에 신시(神市)를 세웠으며, 웅녀(熊女)와 혼인하여 아들을 낳으니 그가 바로 단군이야. 단군은 기원전 2333년 아사달(지금의 평양)에 도읍을 정하고 나라를 열었는데 대개의 신화가 그렇듯 단군신화에도 숨겨진 뜻이 많단다. 환웅이 곰과 호랑이에게 쑥과 마늘을 주며 굴속에 들어가 100일을 참고 견디면 사람이 된다고 제안했다는 건 너도 알고 있지? 그런데 약삭빠르고 민첩한 호랑이는 뛰쳐나가 버리고 100일을 견딘 곰이 사람이 되었다는 거야. 이것을 어느 학자들은 우리 민족이 곰을 숭상하던 민족이기 때문이고, 천부인은 왕권을 상징한다고 주장하고 있어.

재미난 말로 '곰'을 뒤집으면 뭐가 될까? 바로 '문'이야. '글월 문(文)'이야. 문장(文章), 문화(文化) 할 때의 그 문(文)이지. 이

말은 또한 '문명(文明), 문학(文學), 문자(文字)' 등 셀 수 없이 많
단다. 어쩌면 그래서 우리 민족이 '문(文)' 자와 깊은 관련이 있
는지 모르겠구나.

그럼 '소'는 뒤집으면 뭐가 될까? 'TV'라고? 아냐. 소는 뒤집
으면 발버둥칠 뿐이야. 농담(弄談)이었어.

어떤 기독교 학자는 임금의 종류를 소개하면서 황(皇)과 제
(帝), 왕(王)과 군(君)이라 했어. 왕과 군은 제후국의 수준이고,
황과 제는 천하를 호령하는 거국적인 인물이라고 주장하면서
따라서 한민족의 시조인 단군을 군(君)이라고 부르는 것은 우
리 스스로를 한없이 비하시키는 일이라며 이제는 단군이 아니
라 '단제(檀帝)'라고 불러야 할 것이라고 주장하고 있단다.[19]

아 참, 부수(部首)란 어느 한자의 중요한 부분 글자인데 이
부수가 어디에 위치하느냐에 따라 다른 명칭을 갖고 있어. 왼
쪽에 위치하면 '변(邊)'이라 하고, 오른쪽에 위치하면 '방(傍)',
위쪽에 위치하면 '머리 혹은 두(頭)'라고 하고, 아래에 위치하
면 '받침' 혹은 '발'이라고 한단다. '하나님 시(示)' 자가 대부분
좌측, 혹은 밑에 붙어 하나님이 하시는 일을 나타내거나 초월
적인 것을 상징하기도 해.

천 天

네가 아주 어렸을 때부터 알고 있던 단어인 이 '하늘 천(天)'

---

19) 박재성, 같은 책. p. 113

은 오래 전부터 우리 조상들은 '하나님'이란 의미로 사용해 왔어. 천자문(千字文)에도 맨 먼저 등장하는 게 뭔지 아니? 그래! '하늘 천(天) 따지(地) 검을 현(玄) 누를 황(黃) 집 우(宇) 집 주(宙)…' 이렇게 시작한단다. 그런데 왜 '하늘 천'이 가장 앞서 나오는 단어일까? 이 글자를 파자해 보면 '오직 한 분(一)이신 크신(大) 분'을 나타내고 있어. 하나님은 누구인가? 누구도 따라올 수 없는 분이야. 오직 하나이신 크신 분이지. "네 이놈 하늘이 두렵지 않느냐?" 할 때 이 하늘은 단순한 우주 공간으로서의 하늘(Sky)이 아니라 우주를 지배하고 있는 지엄하신 존재로서의 하늘(Heaven)을 나타내는 말이야.

귀 鬼

한문학자 중에는 '귀신 귀(鬼)' 자를 상형문자화 해서 풀이하는 경향이 있어. 이 글자를 '무시무시한 머리를 한 사람' 혹은 '가면을 쓴 사람의 모양'이라고 풀이하는데 사실일까?[20] 이건 모든 글자를 상형문자화하려는 유혹에서 파생된 실수라고 생각해. 모든 글자를 상형문자화 할 수는 없어. 어떻게 눈에 보이지 않는 형상인 귀신을 그림으로 그릴 수 있겠니? 이건 아까 위에서 배웠듯이 한자의 기본 조자원리인 6서 중 '회의(會意)'를 사용해서 풀어야 한단다. 즉 '귀신 귀(鬼)'를 보면 '에덴 동산(田)에서 한 움직임(丶)이 사람(儿)에게 사사롭게, 혹은 은

20) 이권홍 편저, 「한자풀이」, 백산출판사, 2006. p. 142

밀하게(厶) 접근했다'고 해서 붙여진 글자야.[21] 어느 책에서는 이 글자(厶)가 팔을 굽혀 자신을 가리키는 모습을 형상화해서 '사사롭다'라는 뜻을 가졌다고 하기도 하고, 여성 생식기의 모습을 나타낸다고 풀이하기도 하지.[22] 어쨌든 창세기 3장에 보면 하와에게 은밀하게 접근하는 실체가 보이지. "그런데 뱀은 여호와 하나님이 지으신 들짐승 중에 가장 간교하니라. 뱀이 여자에게 물어 이르되 하나님이 참으로 너희에게 동산 모든 나무의 열매를 먹지 말라 하시더냐"(창 3:1)라고 질문하면서 인간에게 접근해서 결국은 죄로 인간을 넘어뜨리는 더럽고 악(惡)한 존재야.

'추문(醜聞), 추잡(醜雜)' 할 때 쓰이는 '추(醜)' 자도 '더러울 추(醜)'인데 이것은 '술 주(酒)'와 '귀신 귀(鬼)'가 합쳐진 말로 '술 먹은 귀신은 추하다'라는 뜻으로 만들어진 글자야.

마 魔

'마귀 마(魔)' 자도 비슷해. '우주라는 큰 집(广)안, 수풀 우거진 곳에(林) 귀신(鬼)'이 있었으니 그게 곧 마귀란다. 이 마귀는 "처음부터 범죄 한 자로서"(요일 3:8) 계시록에서는 사탄과 함께 사용하고 있어. "큰 용이 내쫓기니 옛 뱀 곧 마귀라고도 하

---

21) C.H. Kang & E.R. Nelson, 고봉환 역, 「창세기의 재발견」, 요나출판사, 1990. p. 78
22) 이권홍 편저, 같은 책. p. 50

고 사탄이리고도 하며 온 천하를 꾀는 자라. 그가 땅으로 내쫓기니 그의 사자들도 그와 함께 내쫓기니라."(계 12:9)

혼 魂

'넋 혼(魂)'이란 글자야. 글자를 파자해 보면 '마귀(鬼)에게 돌아가는(云) 것'이 곧 넋, 또는 혼(魂)이야. "그 사람 혼이 나갔어." 혹은 "너 엄마 말 안 들으니 혼나야겠구나." 할 때 쓰는 말이야. 주님의 영이 없는 사람에게 해당되는 말이지. 주님의 영이 사람 속에 있지 않고 주님의 사람이 아니니 이런 말을 사용하는 거야. "이미 사탄에게 돌아간 자들도 있도다"(딤전 5:15) 할 때 해당되는 말이지.

예배 禮拜

이제부터는 '보일 시(示)'를 변으로 하는 글자를 몇 개 알아볼게. 먼저 '예배(禮拜)' 할 때의 그 '예배할 예(禮)' 자야. 예배는 '하나님 시(示)와 풍성할 풍(豊)' 즉 하나님께 풍성한 것을 바치는 게 예배야. 원래 이 '풍성할 풍(豊)' 자는 제사 그릇에 음식이 가득 담긴 모습을 형상화한 거야.

'절할 배, 혹은 경배할 배(拜)'는 많은 한문학자들이 설명하기를 꺼리는 글자야. 왜 경배(敬拜), 예배(禮拜), 숭배(崇拜)할 때 '절 배(拜)' 자에 '손 수(手)' 자가 등장할까? 이 문제에 대해 탁월한 기독교 한문학자인 이병구 장로님은 「그리스도와 한자」란 책에서 명쾌하게 풀이하고 있단다. 이 책에서 장로님은 70개의 단어를 기독교와 연계해서 풀이하고 있는데, '절 배(拜)' 자를 파자해 보면 손(手)을 들고 십자가(十) 위에 계신 왕(王)을 높여드리는 게 '숭배하는 것'[23]이라고 말할 수 있다는 거야. 진짜 예배는 내가 은혜를 받거나 감동을 입는 것보다 왕이신 주님을 높여드리는 거라 할 수 있지.

조상祖上

'조상 조(祖) 혹은 할아비 조(祖)'도 마찬가지야. 처음 인간은 하나님과 관계가 있었거든. '하나님 시(示)와 또 차, 잠깐 차(且)'가 만나서 '조상 조(祖)' 자가 만들어졌지. 조상이란 하나님께서 잠깐 조상의 모습으로 계신다고 믿었어. 그래서 돌아가신 조상들을 신으로 섬겼어. 물론 잘못된 사상이지. 조상은 조상일 뿐이지 돌아가셨다고 해서 절대 신(神)이 될 순 없단다. 부모님을 잘 섬기듯 조상을 잘 섬기는 것은 좋은 일이지만 신처럼 숭배(崇拜)하거나 경배(敬拜)해선 안 된단다.

비밀秘密

비밀이란 단어에 있어 '숨길 비(秘)' 자도 '하나님(示)께서 반

---

23) 이병구, 「그리스도와 한자」, 다락방서원, 2010. p. 148

드시(必)' 신비롭게(秘) 존재하시는 분이라는 뜻이야. 하나님
은 워낙 신비로운(秘) 분이므로 우리가 그분을 다 이해할 수
없겠지? 그분은 우리의 이해와 지식으로 포착할 수 없는 분이
시지. 그런데 좌편에 붙는 변(邊)이 다르다고? 아냐! 옥편에 보
면 비(秘)는 비(祕)의 속자(俗字)라고 나와 있어. 즉 원래는 정
자(正字)가 아니란 뜻이지.

우祐

돕는다는 뜻의 우(祐)도 하나님(示)께서 우편(右)에 계신다
는 뜻이야. 왜 하나님이 우편에 계실까? 인간을 만드신 창조
주 하나님은 인간이 곤란을 겪고 어려움에 빠졌을 때 곁에 서
서 도와주신단다. 시편 121편에 보면 "여호와는 너를 지키시
는 이시라. 여호와께서 네 오른쪽에서 네 그늘이 되시나니 낮
의 해가 너를 상하게 하지 아니하며 밤의 달도 너를 해치지 아
니하리로다"(시 121:5~6)라고 말씀하신 것이지.

제사 祭祀

끝으로 '제사 제(祭)'는 고기(肉, 月)를 오른손(또우, 오른손 우
又)으로 잡아 하나님(示)께 바치는 행위란다.

그리고 '제사 사(祀)'가 나오는데 이 글자에 있어 하나님(示)
은 알겠는데 옆에 붙은 글자는 '뱀 사(巳)' 자야. 뱀이 몸을 사

리고 꼬리를 드리우고 있는 모양을 본뜬 글자라고 해.[24]

그렇다면 제사에 뱀이 왜 나올까? 옛 사람들은 뱀도 잡아서 제단에 올렸나? 천만의 말씀이야. 이 단어도 한문학자들은 쉽게 설명할 수 없어. 그러나 기독교를 아는 사람이라면 절대 어렵지 않단다.

제사란 무엇인가? 제사(祭祀)란 죄를 범한 인간이 신에게 용서를 빌기 위해 자기 대신 다른 동물의 피를 바치거나 풍성한 물질을 드리며 용서를 구하는 행위야. 물론 성경에 나오는 구약의 제사가 모두 그런 것은 아냐. 그럼 이쯤 해서 구약시대에 드려진 제사를 한 번 알아볼까? 흔히 구약의 제사는 5가지란다.

첫째, 번제(燔祭, Burnt Offering)는 말 그대로 번제물을 태워서 바치는 제사인데 수송아지나, 수양, 비둘기 등 흠 없고 1년 된 수컷을 태워서 바치는 제사야.

둘째, 소제(素祭, Meat Offering, Cereal Offering)인데 말 그대로 하얀 곡물을 신께 바치는 제사야. 하나님께 받은 은혜와 축복을 감사하며 드리는 유일한 피 없는 곡물제사로 고운 가루에 누룩이나 꿀을 넣지 않고 기름, 유향, 소금을 섞어 드리는 제사지.

셋째, 화목제(和睦祭, Peace Offering)는 하나님과 사람과의 관계를 중시하며 암컷, 수컷의 구별 없이 드리는 제사로 내장이나 콩팥, 간 등에 붙은 기름을 태워 드리는 제사야. 축제형식

---

24) 배현석, 「성경으로 풀어보는 한자」, 푸른출판사, 2006. p. 202

으로 진행되며 신께 비치고 난 제물의 나머지는 제사장이 봉헌자와 함께 먹으며 친교하는 제사란다.

넷째, 속죄제(贖罪祭, Sin Offering)는 인간이 하나님께 범죄했을 때 죄를 용서 받으려 드리는 제사야. 수송아지나 숫염소, 암양, 암염소, 산비둘기, 고운 가루 등이 사용되고 있지.

끝으로, 속건제(贖愆祭, Trespass Offering)로 '바꿀 속(贖) 허물 건(愆)' 자를 사용하여 하나님과의 관계가 아닌, 인간과의 관계에서 배상(賠償)의 의미를 지닌단다. 범법이나 손해 등을 의미하여 드리는 제사로 사회적인 죄, 도덕적인 죄 등을 용서 받으려 드리는 제사지.

본문으로 돌아와서 왜 제사(祭祀)에 '뱀 사(巳)' 자가 있는 것일까?

구약성경 민수기 21장에 보면 출애굽 하던 이스라엘 백성이 호르산에서 출발하여 홍해 길을 따라 우회하려다 길이 험하자 하나님을 원망하는 사건이 나오지. 그때 그들이 하나님과 모세를 원망하자 하나님께서 불뱀(Venomous snakes)을 보내 백성을 많이 물어 죽이셨어. 그때 백성이 간절히 회개하자 하나님께서 모세에게 말씀하시기를 "불뱀을 만들어 장대 위에 매달아라. 물린 자마다 그것을 보면 살리라"(민 21:8)고 말씀하셨고 모세가 놋뱀(bronze snake)을 만들어 장대 위에 달았을 때 그것을 쳐다 본 모든 사람이 살아났단다. 이 사건은 순종과 구원을 지시하는 것으로 장대 위에 매달린 놋뱀을 바라보는 사람마다 모두 살아난 것처럼 예수님께서도 "모세가 광야에서

뱀을 든 것 같이 인자도 들려야 하리라"(요 3:14)고 직접 말씀하셨던 거야. 즉 스스로가 제사(祭祀)에 있어 제물(祭物)이 되어 뱀처럼 십자가에 달리고, 뱀처럼 믿음으로 바라보는 사람들을 살리시는 구원역사를 하시겠다는 뜻이었단다.

2. 천지창조 두 번째 이야기

창 創

구약성경 맨 처음에 나오는 책이 창세기(創世記)인데 우리말로 하면 '세상을 만든 기록'이란 뜻이야. 즉 태초에 하나님께서 세상을 만드신 이야기를 이 책 안에 적어 놓은 거지. 여기서 만들었다는 말을 하는데 이것이 곧 창조(創造)란 글자야. 먼저 '만들 창(創)'이란 단어인데 창조에는 입(口)이 등장해. 칼(刀)로 조각을 하듯 입으로 조각을 한 거지. 말씀으로 천지를 지으셨다는 말이야. 이것을 중세기 신학자 어거스틴은 "무(無)로부터의 창조(Creatio ex nihilo)"라고 명명했어. Creatio라는 라틴어 단어에서 우리가 잘 아는 창조(creation)가, ex는 '~로부터' 그리고 nihilo에서 허무주의, 혹은 '없음'을 뜻하는 니힐리즘(nihilism)이란 말이 나온 거야. "만물이 그로 말미암아 지은바 되었으니 지은 것이 하나도 그가 없이는 된 것이 없느니라." (요 1:3)

造

뒤에 나오는 '만들 조(造)' 자는 "여호와 하나님이 땅의 흙으로(土) 사람을 지으시고 생기(丶)를 그 코에 불어 넣으시니 사람이(口) 생령(造)이 된지라"(창 2:7)라고 말씀하고 계셔. 즉 하나님이 흙을 빚으시고 생기를 넣으시니 사람이 살아 돌아다니기(辶) 시작한 거란다.[25] 이런 시도를 최초로 한 학자가 내가 전에 말한 C. H. 강 목사님과 신학자 넬슨(E. R. Nelson) 박사인데 그들의 공저에는 72개의 단어를 파자해서 구약성경에 나오는 창세기를 설명하고 있단다.

土

그럼 여기서 '흙 토(土)' 자도 알아볼까? 어느 학자는 "토(土)를 구성하고 있는 요소를 현대사전에서는 '한 일(一)'에 '열 십(十)' 자라고 보고 땅 위에 초목의 싹이 나온 모양으로 풀이하고 있으나 우리는 이미 '한 일(一)' 자가 신농씨의 딸이며 뉘조의 이름임을 알고 있는 바, '두 이(二)'는 푸나루아 모계제 사회에서 한 가정을 이루는 두 명의 부인을 상징하고 여기에 '꿰뚫을 곤(丨)'은 씨를 부리는 남성임을 상징해서 만들어진 글자다"[26] 라고 주장하고 있어. 그런데 이 글자의 진짜 뜻은 이렇단

---

25) C. H. Kang & E. R. Nelson, 같은 책. p. 57
26) 趙玉九, 같은 책. p. 96

다. 밑에 있는 '한 일(一)'은 온 지구상에 존재하는 모든 존재들을 존재하게 만드는 '존재 그 자체'야. 즉 폴 틸리히란 신학자에 따르면 '존재의 근원(根源)(Being Itself)'이야. 여기에 '십자가(十)'가 세워져서 '인간'이란 존재가 만들어진 것이지. 따라서 피조물인 우리 인간들은 하나님이신 '존재의 근원'과 예수 그리스도의 '구원의 십자가' 없이는 설명할 수 없는 존재들이란다.

생 生

'생일' 하거나 '사람의 일생(一生)' 할 때의 이 생(生)이란 글자도 창조와 연관이 되어 있어. 이 자를 파자해 보면 '사람 인(人)에 흙 토(土)'를 쓰고 있어. 즉 '사람은 흙에서 나왔다'란 뜻이야. 창세기에 보면 하나님께서 천지만물(天地萬物)을 지으시는데 사용된 재료가 달라. 해와 달과 별을 비롯해서 온 우주만물은 말씀으로 창조하셨어. 그런데 여섯째 날 인간을 만드실 때는 '흙'을 재료로 쓰셨고, 여자를 만드실 때는 "남자를 깊이 잠들게 하신 다음 남자의 갈빗대로 여자를 만드셨다"(창 2:21~22)고 증언하고 있어. 즉 남자는 흙으로, 여자는 남자의 갈비뼈로 만들어진 거지.

그래서일까? 우스갯소리로 남자는 사우나에서 오래 못 견딘다고 하잖아. 흙은 물속에 오래 있으면 금방 풀어지고 말거든. 반면에 여자는 오래 견디잖아? 뼈는 뜨거운 물속에 오래 담가 놔야 뽀얀 국물이 우러나온다는 거야. 전통적으로 남자의 갈빗대를 취해 어자를 민드셨다는 것에 대한 해석이 있어. 만일 하나님께서 남자의 머리뼈를 취해 여자를 만드셨으면 교만해졌을 거고, 다리뼈를 취했으면 비천해졌을 텐데 갈빗대라서 남녀는 동등(同等)하다는 주장을 하는 사람이 있어. 꼭 맞는 이야기는 아닐지라도 일리가 있는 이야기지.

'선생(先生)' 혹은 '선두(先頭)' 등 '앞선다' 또는 '먼저'를 뜻하는 글자가 바로 '먼저 선(先)' 자인데 이 글자도 여기에 관련이 있어. 이 글자를 파자해 보면 '흙 토(土)'에 삐침 별(丿) 혹은 생기가 들어간 사람(儿)'이란 뜻인데 이처럼 흙에 생기가 들어가 먼저 된 사람을 일컫는 말이야.

1) 자연을 만드신 하나님

너 자연을 어떻게 쓰는지 아니? 그래, '자연(自然)'이야. 즉 '자유(自由)' 할 때 그 '자(自)' 자와 '그러할 연(然)'을 써서 만든 글자야. 그런데 이 '스스로 자(自)' 자를 누구는 왼손을 꼭 쥐고 만든 글자라 하지만 사실은 코를 본 따서 만든 글자야. 그리고 '연(然)'은 '태운다' 혹은 '운동한다'라는 뜻을 가지고 있어. 이 말들을 합하면 '코로 태운다' 혹은 '코로 숨을 쉰다'라는 뜻이야. 즉 자연이란 코로 에너지를 태워 숨을 쉬는 것과 같은 것이지. 즉 자연은 숨 쉬는 것과 같다는 뜻이야. 우리가 숨을 쉴 때 "내가 지금부터 숨을 쉬어야지" 하고 숨을 쉰다면 힘들어서 계속 못 쉴 거야. 우리는 하루에도 수 만 번 숨을 쉬면서도 우리가 숨 쉬는 것 자체를 인식하지 못하듯 자연도 마찬가지야. 말 그대로 자연스러워야 해. 사람이 만든 것, 즉 '인위적(人爲的)'이거나 '작위적(作爲的)'이면 좋은 게 아냐. 하나님께 대한 신앙도 그렇고 사람들과의 관계도 마찬가지야. 물 흐르듯 자연스러워야 정말 자연이 될 수 있는 거란다.

2) 인간을 만드신 하나님

인간 人間

인간을 다른 말로 하면 '사람'이라고 하지? 인간이란 한자, 사람은 순 우리말이야. 그런데 사람이란 말은 '살다'라는 말에서 왔어. 그리고 이 '살다'라는 말은 '사랑한다'라는 말과 그 어원이 같아. 영어로 '살다(Live)'와 '사랑하다(Love)'가 같다는 뜻이야. 독일어는 뭐라고 하지? 독일 말로는 'Leben(살다)'과 'Lieben(사랑하다)'이 같은 어머니 밑에서 나온 말이야. 즉 인간은 사랑할 때만 살아있다고 말할 수 있고 이렇게 살아있어야 '사람'이 되는 거야. 그렇지 않으면 인간이 개나 돼지 하고 다

를 바 무에 있겠니? 기억하렴. 인간은 사랑하는 동안만 사람
이 되는 거야. '사람'과 '사랑' 그리고 '삶'이 모두 한 어머니 밑
에서 동시에 젖꼭지를 빨며 나왔다는 뜻이야.

  그렇다면 '사람 인(人)' 자는 무슨 뜻일까? 어떤 학자는 말하
길 "'인(人)'이라는 음가는 '머리에 이다' 할 때의 '이다' 또는 '머
리에 인'의 '인'에서 나온 소리다. 사람이란 '태양이나 신을 머
리에 이고 있는 존재다."[27] 라고 주장하신 분도 있어. 참 의미
있는 지적이야. 먼저 이것은 두 사람이 서로 기대고 있는 형상
이야. 두 사람이 서로 기댄다는 말은 무슨 뜻일까? 그래, 둘이
서로 의지(依支)하고 관계(關係)를 갖는다는 뜻이야. 즉 인간은
혼자 살 수 없고 둘 이상이 모여야 비로소 인간이 되는 거야.
창세기 2장 24절의 "이러므로 남자가 부모를 떠나 그의 아내
와 합하여 둘이 한 몸을 이룰지로다"라는 말씀처럼 두 명이 하
나가 되어 나타난 글자가 '사람 인(人)' 자야. 여자가 있어야 완
전한 남자가 되고, 자식이 있어야 아빠, 엄마가 되듯 말이야.
인간은 서로 관계를 맺고 살아야 한다고 해서 '인간'의 '인' 자
뒤에 '사이 간(間)'이란 말을 집어넣은 거야. 이 말은 '태양(日)'
이 '문(門)' 안으로 빠끔히 들어와 있는 것을 형상화하고 있단
다. '시간(時間), 공간(空間)' 할 때도 모두 이 단어를 쓰고 있듯
이 관계가 중요한 거야. 홀로 살 수 있는 고립된 섬과 같은 존
재는 없어. 인간은 누구도 고립무원(孤立無援)이 되면 살 수 없
다는 뜻이야.

---

27) 趙玉九, 같은 책. p. 57

래來

'올 래(來)' 자를 파자해 보면 '나무(木) 사이에서 두 사람(人)이 밖으로 나오는' 걸 상징화한 거야. 그렇다면 이게 무슨 뜻일까? 여기서 두 사람은 누구고 나무 사이에서 나온다는 건 또 무슨 뜻일까? 이 글자를 알려면 창세기를 알아야 해. 창세기 3장에 보면 아담과 하와가 선악과를 따먹고 타락한 뒤 하나님의 낯을 피하여 동산 나무 사이에 숨었어. "여호와 하나님이 아담을 부르시며 그에게 이르시되 네가 어디 있느냐"(창 3:8~9) 하셨을 때 그들이 나무 사이에서 나왔던 거야. 그래서 나온 글자야.

무巫

그렇게 따지면 '무당 무(巫)' 자도 같은 원리지. 이 글자는 꼭 무당이라는 뜻만이 아냐. 옛날에는 의사들도 이런 비슷한 이름을 가지고 있었단다.

이발소 앞에 가면 큰 유리원통이 돌아가는 게 보이지? 하얗고 빨갛고 파란 색이 쉴 새 없이 돌아가는데 옛날에는 이발소가 병원이었어. 이발사가 의사 역할을 했던 거지. 흰 색은 붕대를 상징하고 빨간색은 동맥, 파란색은 정맥을 나타내고 있는 거야. 세계 공통이야. 1540년 프랑스의 메야나킬이란 이발사가 둥근 막대기에 파란색, 빨간색, 흰색을 칠해 이발소 정문 앞에 내걸어 사람들이 쉽게 찾아올 수 있도록 하자 이발소들이 모두 따라 하며 세계 공통의 이발소 표시가 됐다는 거야. 마찬가지로 무당도 꼭 오늘날의 무당만을 의미하는 게 아냐. 어쨌든 '무당 무(巫)' 자를 파자해 보면 '하늘(一)과 땅(一) 사이를 꿰뚫는(丨) 우주에 두 사람(人)', 즉 아담과 하와가 존재하고 있다는 걸 설명하고 있어.

2장 인간이란 무엇인가?

1. 인간이 만들어진 순서는?

얼굴이 잘 생긴 아이를 보고 어르신들이 뭐라 하시는지 아니? "야, 고놈 참 뭐가 뚜렷하다"고 하셔. 뭐라 하실까? 기실 네가 태어났을 때도 할아버지께서 널 보시며 "고놈 참 이것이 뛰어나군"이라 하셨어. 뭘까? 정답은 짜잔!! 이목구비야. 한자로 이 말을 어떻게 쓰는지 아니? 그래. '耳目口鼻' 이렇게 쓴단다. 이 단어는 비교적 쉬운 글자니까 최소한 절반은 아는 글자일거야. 그런데 곰곰 생각해 보면 왜 어른들은 4개의 단어를 이런 식으로 조합하셨을까? 이 글자의 뜻이 뭐지? 그래 귀(耳)와 눈(目), 입(口)과 코(鼻)야.

그런데 자세히 생각해봐. 이상하지 않니? 왜 귀가 제일 먼저 나오고 코가 가장 늦게 나올까? 이 기관들이 붙어 있는 위치를 염두에 두고 만든 말일까? 그렇다면 위에서부터 내려오면 귀와 눈, 코와 입이 되어야 하잖아? 아니면 중요한 기관부터 생긴 말일까? 그러면 귀보다는 눈이 먼저 와야 하지 않을까? 귀는 못 들어도 살아가지만 눈은 안 보이면 정말 괴롭거든…. 그렇담 왜, 무슨 이유로 이렇게 순서를 배열했을까?

글쎄 정확한 답은 아닐지 모르지만 아버지가 생각하기로 이건 한 인간이 만들어질 때, 생성되는 장기(臟器) 혹은 기관(器官)을 표현하는 말이란다. 즉 인간이 태어날 때 귀가 맨 먼저 생기고, 그 다음이 눈, 입, 그리고 마지막이 코야. 더 쉽게 말해볼까?

처음 엄마 뱃속에서 인간이 만들어질 때 맨 먼저 발달하는 게 귀란다. 다른 기관들은 모두 잠들어 있거나 생성되기 전에도 귀는 발달해서 엄마의 숨소리를 들을 수 있다는 게 많은 의학자들의 견해야. 그래서 요즈음엔 태교(胎敎)라는 게 유행이잖아? 엄마 뱃속에 있을 때부터 교육을 해야 아이가 착하고, 정서적으로 안정되며 순하게 태어난다고 해서 유행하고 있어. 즉 뱃속 아이가 듣는다는 이야기야.

그 다음은 눈이야. 아이가 처음 태어나면 눈을 못 맞춘단다. 그리고 한참만에야 비로소 눈을 뜨게 되고 엄마와 눈을 맞출 수 있어. 이 눈(目)은 그야말로 사람의 눈을 형상화 한 글자인데 어때, 사람의 눈처럼 보이지 않니? 이 '눈(目)'에다 두 발(儿)을 붙이면 본다는 뜻의 '견(見)' 자가 되지. '눈(目)' 위에다 '손

(手)'을 없으면 '자세히 본다는 뜻의 '간(看)' 자가 되고, 아주 작은 것까지 보려고 눈을 작게 뜨면 '살필 성(省)' 자가 되는 거야. 앞을 못 보는 맹인들은 '망할 망(亡)' 자를 써서 '맹(盲)'이라고 적어.

다음은 입이야. 말을 배우게 되는 것이지. 아이가 말을 배우는 건 태어나고 약 1년이 지나서란다. 어떤 아이는 몇 년이 지나서야 말을 배우는 아이가 있어. 그런데 넌 비교적 빨리 말을 배웠어.

마지막이 코란다. 냄새를 맡게 되는 거지. 아이들은 냄새에 민감하지 않아서 청국장인지, 똥인지 구분 못하고, 냄새를 모른단다. 그리고 한참 큰 후에야 깨끗함과 더러움을 구분하고 냄새를 맡게 되는 거란다.

그런데 말이야. 가만히 생각해 보면 이 순서(順序)는 곧 죽는 순서와도 관계가 있단다.

엄밀하게 말하면 장기가 본래의 기능을 잃고 소멸되어 가는 과정과 연관되어 있다는 말이지. 무슨 말이냐고? 인간이 죽어갈 때 신체의 각 기관들의 기능도 떨어지는데 이 순서를 따라가는 것 같아.

즉 제일 먼저 망가지는 곳이 귀야. 그래서 노인이 되면 귀가 잘 안 들려. 절벽이 되는 거야.

그 다음은 눈이야. 노인이 되면 침침해지고 어두워져 잘 볼 수 없게 된단다. 몇 년 전 유행했던 영화중에 〈집으로〉라는 영화 기억나지? 시골 할머니와 도시 손자가 갈등하다가 나중에는 친해지는데 손자가 할머니를 위해 바늘에 실을 잔뜩 꿰어 놓고 도시로 돌아가는 모습이 인상적이었어. 아버지도 어렸을 때 할머니가 가끔 부르셔서 바늘에 실을 꿰어 달라고 부탁하셨어. 아주 건강하신 할머니였는데 눈은 밝지 않으셨던 거야. 이처럼 노인이 되면 눈이 어두워지고 망가지게 되어 있단다.

그 다음이 입이야. 노인이 되면 말이 어눌해져. 이빨도 빠지고 발음도 시원찮아 듣기 힘들지. "이빨이 빠져 말이 헛 나왔다." 우리가 자주 쓰던 농담인데 실은 가슴 아픈 말이란다.

마지막으로 코야. 코 기능이 떨어져 냄새를 맡을 수 없거나 심지어 코에서 숨이 끊어지면 세상을 떠나게 되어 있단다. 이럴 때 죽는다는 표현을 쓰는 거야.

신기하지 않니? 우리 선조들은 이런 사실을 오래 전부터 알고서 이미 이러한 단어를 쓰고 있었단다. 아니, 하나님께서는 인간을 만드실 때 이런 순서(順序)대로 만드시고 또 이런 순서를 따라 인간을 데려가시는 거야. 이런 하나님의 섭리(攝理) 앞에 겸허히 고개 숙이는 것, 그게 우리 인간의 본분(本分) 아니겠니?

2. 예배하는 인간

아 我

나는 과연 누구일까?

영어에서 1인칭을 뜻하는 '나'라는 글자는 한자에도 여러 단어가 있어. 먼저 독립선언문에 나오는 "오등(吾等)은 자(慈)에 아(我) 조선(朝鮮)의 독립국(獨立國)임과 조선인(朝鮮人)의 자주민(自主民)임을 선언(宣言)하노라…" 할 때의 '나 오(吾)' 자가 있고, '여(余)' 자가 있어. 임금이 자신을 지칭할 때 쓰던 '짐(朕)'이란 말도 있지. "짐이 이 나라의 주인이다" 할 때 쓰는 말이야. 임금이 자신을 낮춰 부르던 '과인(寡人)'이라는 말도 있어. 지금은 누구나 자신을 '나'라고 부르지만 문자가 처음 만들어질 때 '여(余)'나 '짐(朕)'은 왕실 귀족 가운데서 종묘에 제사를 드릴 제사장만이 쓸 수 있는 호칭이었다는 거야. 이처럼 왕실에서 만들어져 귀족문자로써 태생은 같았으나 운명은 달라져서 '여(余)'가 일반명사가 된 반면 '짐(朕)'은 임금이나 천자에게만 국한된 말이 된 거란다.[28]

이 두 글자와 다른 뜻의 '나'라는 글자가 있어. 한자(漢字)로 '나 아(我)'라고 해. 오늘 우리가 공부하려고 하는, 아주 중요한 글자란다. 이 말은 왼쪽에 있는 부수인 '손 수(手)와 창 과(戈)'를 합해 만든 글자인데 손으로 창을 잡아 무언가를 베거나 찌

---

28) 趙玉九, 같은 책. p. 52

르는 모습을 형상화(形象化)한 거야. 손으로 왜 창을 잡고 있는 걸까? 창을 잡고 도대체 무엇을 하려는 걸까? 어떤 학자는 이 것을 풀이하면서 '우는 사자처럼 삼킬 자를 찾는 원수마귀(벧전 5:8)에 대적하여 성령의 검, 곧 하나님의 말씀(戈)을 가지고 (手) 싸우는(戈) 사람이 '나' 임을 나타낸다고 주장한단다.[29] 이 것은 "성령의 검 곧 하나님의 말씀"(엡 6:17)이라는 바울 사도 의 가르침에 기인한 듯 해. 그러나 사실 이 글자는 손으로 창을 잡고 동물을 잡아 제사하는 모습을 본뜬 거란다. 즉 인간 은 본질적으로 절대자(絶對者)에게 예배(禮拜)하는 존재란다. 기독교가 나타나기 훨씬 이전부터 인간은 자연을 지배하는 큰 존재, 위대한 힘 앞에 고개를 숙이고 그 존재들을 섬겨왔 던 게지.

네가 잘 아는 구약성경의 아브라함 있지? 이분은 하나님의 부르심을 받아 75세에 고향, 친척, 아비집을 떠나 오랫동안 순 례했던 분인데 이 사람이 머물다 떠나면 늘 두 가지 흔적이 남 았다고 해. '장막 친 자리'와 '제단 쌓은 자리'가 그것이야. 그 는 실제로 머물던 자리에서 떠나 다른 곳으로 이전할 때마다 하나님께 예배드리는 사람이었어(창 12:7~8).

칼 바르트(Karl Bart)라는 신학자에 따르면 예배는 절대자와 피조물인 인간이 만나는 자리인데 진정한 설교가는 한 손엔 성경을, 다른 한 손엔 신문을 들어야 한다고 역설했어. 즉 참 된 설교가는 2000년 전의 시대인 1세기와 현대를 이어주는 가

29) 이병구, 「그리스도와 한자」, 다락방서원, 2010. p. 293

교(架橋) 역할을 해야 한다는 의미였는데, 그에 따르면 하나님께서는 설교, 즉 말씀선포를 통해 인간에게 현현(顯現, 나타나심)하신다는 거야. 하인리히 오트라는 신학자는 하나님과 인간이 만나는 이 자리를 접촉점(接觸點)이라고 표현했는데 이 말은 누미노제(Numinose)라고 해. 우리말로는 '경이감(驚異感)' 혹은 '떨림'이라고 번역한단다. 하나님을 만날 땐 말할 수 없이 떨린다는 거야.

특별 特別

너 '특별하다' 할 때 '특(特)' 자 알아? 이 '특별할 특(特)' 자를 파자해 보면 '소(牛)가 절(寺)'에 있다는 말인데 소가 절에 있다니 무슨 뜻일까? 육식을 금하는 불교의 사찰에서는 기실 양이나 소 등 동물이 절에 있을 필요가 없는데 왜 이런 글자가 생겼을까? 이 '사(寺)' 자는 비단 절만을 뜻하는 게 아니라 서양에서는 성전(聖殿)을 뜻하는 말이야. 즉 성전에 있던 소를 지칭하는 말인데 성전에 소가 왜 있었느냐 하면 제사 드리는 사람들을 위해 소가 늘 준비되어 있었던 거란다. 제사 드리는 소는 흠이나 티가 있으면 안 돼. 불경(不敬)한 일이거든. 따라서 제일 좋은 놈, 특별한 놈을 가지고 제사를 드리다 보니 '특별할 특(特)' 자가 된 거란다.

하나님께서 제사법에 대해 말씀하신 레위기서에 보면 "여호와께 예물로 드리려거든 기쁘게 받으심이 되도록 소나 양이나 염소의 흠 없는 수컷으로 드릴지니"(레 22:18~19)라고 하셨고 신약성경에서도 말씀하기를 "오직 흠 없고 점 없는 어린 양 같은 그리스도의 보배로운 피로 한 것이니라"(벧전 1:19)라고 하셨단다. 즉 우리의 구원을 위해 주님 같이 죄와 허물이 전혀 없으신 분이 우리 대신 속죄제물이 되어 돌아가셨다는 뜻이란다.

3. 기도하는 인간

인간은 애당초 기도하는 존재야. 즉 더 큰 존재에게 고개를 숙이고 경배하며 안녕(安寧)을 구하곤 했었지. 그래서 원시시대에도 기도가 있었단다.

기도 祈禱

기도라고 할 때 '빌 기(祈)'를 보면 '하나님(示) 옆에 도끼 근(斤)' 자로써 원래는 도끼를 보고 만든 상형문자라 하지만 이것은 원래 기도하는 손 모양을 보고 만든 글자란다. 고기나 한약재 등 저울로 다는 것들의 무게를 잴 때도 '고기 한 근', '한약 두 근' 하며 이 단위를 쓰지. 합하면 '하나님(示)께 기도한다(斤)'란 의미지.
'빌 도(禱)'는 '하나님 시(示)' 자와 '목숨 수(壽)' 말 그대로 하

나님(示)께 목숨(壽)을 구하는 것이야. 무사안녕을 기원하는
것이 기도란 뜻이지.

축祝

　'축복(祝福)'이라고 할 때도 마찬가지야. 복은 절대자 하나님
께서 주시는 거잖아? 그래서 하나님(神)과 관계가 있어. 결혼
식이나 잔칫집에 가보면 '축 결혼'이라고 쓰인 글자를 심심찮
게 보았을 거야. 여기서 나오는 '축(祝)' 자는 참 재밌는 글자
야. 이 글자 이름은 '빌 축(祝)'인데 오른쪽 붙은 글자(傍)는 '형
형(兄)' 자야. 즉 하나님께 형(兄)이 복을 비는 게 '빌 축(祝)'이
지. 동서고금을 막론하고 제사는 '맏형'이 지내는 게 상례였
어. 즉 맏이에게 제사권이 있었고 축복권도 주어졌단다. 형
(兄)은 어떤 사람인가? 형은 입(口)이 있는 사람(儿)이야. 그렇
다면 형만 입이 있을까? 물론이지. 형만 입이 있었어. 감히 형
님이 말하실 때 동생들은 입도 뻥긋하면 안 되었지. 형은 모
든 제사와 통치에 있어 권력을 지닌 핵심이었단다. 맏형은 장
자(長子)라고 해서 이 맏형이 제사를 지낼 권리를 가지고 있었
어. 너도 왜 알지? 창세기에 나오는 야곱이 형인 에서를 속여
팥죽 한 그릇으로 장자권(長子權)을 사버린 사건 말이야. 별것
아닌 것 같지만 이 사건으로 에서는 하나님께 버림받고 말았
단다. 신약에 나와 있는 대로 하나님께서는 장자권을 소홀히
여긴 에서에게 진노하실 정도로 장자권은 중요한 권리였어.

극 克

그러나 형이라고 해서 모든 게 좋은 것만은 아니었지. 한 가정을 책임지고 동생들을 거느린다는 건 그리 녹록하지만은 않았을 거야. 그래서 형의 머리에 무거운 짐이 주어졌는데 그게 바로 '십자가(十)'야. 이 머리에 진 십자가는 반드시 극복해야 할 것이라서 '극복할 극(克)' 자라고 불렀던 거야.

흉 兇

그런데 꼭 형이라고 해서 긍정적이거나 복이 있는 사람을 상징하는 건 아냐. '흉악할 흉(兇)' 자가 그 대표적인 글자야. '형(兄)'인 가인이 저주를 받아 하나님께 X 표를 받게 되지 뭐야? 그는 '터진 입(凶)'을 가진 사람(儿)이 되어 가족의 대변자의 위치를 상실하고 말았어. '흉할 흉, 혹은 젊어서 죽을 흉(凶)'이란 글자는 이렇게 불행이 닥친 가인의 가계(家系)를 상징적으로 나타내고 있는 말이야. "여호와께서 그에게 이르시되 그렇지 아니하다. 가인을 죽이는 자는 벌을 칠 배나 받으리라 하시고 가인에게 표를 주사 그를 만나는 모든 사람에게서 죽임을 면하게 하시니라."(창 4:15)

복 福

'복(福)'이란 글자는 '하나님(示)께서 한(一) 사람을(口) 에덴 동산(田)'에 살게 하신 게 바로 복이었어. 처음 복은 돈이나 명예, 물질적인 게 복이 아니라 하나님과 함께 거닐고, 즐기며, 같이 생활하는 게 복이었어.[30] 그런데 인간이 스스로 교만하게 되고 타락한 뒤 하나님을 떠나서 하나님께로부터 버림받게 된 거야. 그런데 왜 '입 구(口)'를 사람이라고 해석하냐고? 너 패밀리를 뭐라 하니? 그래 식구(食口)라 하는 거야. '먹을 식(食), 입 구(口)' 즉 식구를 '먹는 입'이라고 하지 않고 '먹는 사람'이라고 하지? 그게 식구야. 인구(人口)도 마찬가지야. 그러나 꼭 이 글자가 사람을 지칭하는 것만은 아냐.

설 舌

'입 구(口)'는 말을 뜻하기도 한단다. '혀'를 뜻하는 글자인 '혀 설(舌)' 자를 파자해 보면 '천(千) 개의 입(口)'이야. '천 개의 입'이란 무슨 뜻일까? 이건 천 개의 말이라는 뜻이야. 창세기 11장에 보면 하나님께서 교만한 인간들이 탑을 쌓으며 자기들의 이름을 지면에 남기려는 것을 보시고 탑 쌓기를 중단시키시는 기사가 나오지? 그때 하나님이 사용하신 방법이 무엇일까? 지진을 보내 탑 쌓기를 중단시키거나 광풍(狂風)을 불

---

30) C. H. Kang & E. R. Nelson, 같은 책. p. 147

어 탑을 무너뜨리신 게 아니라 언어를 혼잡하게 하셔서 탑 쌓기를 중단시키신 거야. '천 개의 언어'를 만드신 거지. "여호와 하나님께서 그들을 온 지면에 흩으셨으므로 그들이 그 도시를 건설하기를 그쳤더라. 그러므로 그 이름을 바벨이라 하니 이는 여호와께서 거기서 온 땅의 언어를 혼잡하게 하셨음이니라. 여호와께서 거기서 그들을 온 지면에 흩으셨더라."(창 11:8~9)

활 活

여기서 파생된 글자가 '소생하다' 혹은 '활기차다'란 뜻의 '살활(活)'이야. '물(氵)을 혀(舌)에 바르면 활기차고 살아난다(活)'고 해서 쓰인 글자야. 그런데 여기에 의문이 있어. 왜 물을 혀 끝에 대는 게 활기차다란 뜻이 되었을까? 어디에서 유래된 말일까? 신약성경 누가복음 16장을 보면 소위 '부자와 거지 나사로'의 비유가 나오는데 날마다 호의호식(好衣好食)하던 부자가 죽어 음부에 갔을 때 "아버지 아브라함이여 나를 긍휼히 여기사 나사로를 보내어 그 손가락 끝에 물을 찍어 내 혀를 서늘하게 하소서. 내가 이 불꽃 가운데서 괴로워하나이다"(눅 16:24)라며 간구하는 장면이 나오지. '물로 혀를 서늘하게 한다. 활기차게 한다'란 말이 여기서 생긴 거야.

화 話

'말한다.' 혹은 '이야기 한다'란 뜻의 '말할 화(話)'도 같은 의미야. '대화(對話)', '화자(話者)' 할 때 이 단어를 사용하지. '말(言)과 혀(舌)'가 합쳐진 이 말이 말한다는 뜻을 갖는 것은 당연한 일이겠지.

전 田

전에 복(福)이란 글자에서 '밭 전(田)' 자가 나오는데 그렇다면 왜 '밭 전(田)' 자가 성경과 관계가 있는지 궁금하지 않니? 옛 선조들은 밭을 어떻게 생각했을까? 오늘날처럼 경지정리(耕地整理)가 잘 된 밭이라면 모를까 옛날 밭들은 농지정리가 형편없었을 거야. 그런데 왜 밭 전 자가 이렇게 생겼냐구? '밭 전(田)' 자는 네모난 밭 안에 '열 십(十)' 자가 나오는데 이건 열 개란 뜻이 아니라 "강이 에덴에서 흘로 나와 동산을 적시고 거기서부터 갈라져 네 근원이 되었으니 첫째의 이름은 비손이라 금이 있는 하윌라 온 땅을 둘렀으며….."(창 2:10~14) 에덴동산 중앙에서 강물이 네 군데로 흐른다고 해서 '밭 전(田)' 자가 된 거란다.

'사내 남(男)' 자도 여기와 관계가 있어. 어떤 사람의 해석대로 '밭(田)에 가서 일하고 힘(力)쓰는 게 사내(男)'라는 풀이도 있고 '남자는 열 명(十)의 입(口)을 먹여 살릴 수 있는 힘을 가져야 한다는 풀이도 들어둘 만한 거야.

　복(福)과 반대말인 화(禍) 곧, 저주(禍)도 하나님과 관계가 있는 거란다. 즉 복과 화를 주관하시는 분은 바로 절대자 하나님이시지.

3장 인간의 타락(墮落)과 형벌(刑罰)

1. 인간을 귀히 여기시는 하나님

여기서 돌발퀴즈 하나!

하나님께서 에덴동산에 인간을 만들어 살게 하실 때 동산이 먼저였을까, 아니면 인간을 먼저 만드신 뒤 동산을 만들어 주셨을까? 대개 대답은 동산을 먼저 만드시고 그 뒤 인간을 만들어 살게 하신 것으로 알고 있지만 땡!! 이야. 그 반대야. 즉 창조(創造)의 순서를 보면 "여호와 하나님이 땅의 흙으로(土) 사람을 지으시고 생기(丶)를 그 코에 불어 넣으시니 사람이(口) 생령(造)이 된지라"(창 2:7) 하시고 바로 그 뒤 "동방의 에덴에 동산을 창설(創設)하시고 그 지으신 사람을 거기 두신 것"(창 2:8)이지. 사람을 먼저 만드시고 나중에 에덴동산을 창설하신 거야.

이 말씀은 무슨 의미를 지니고 있을까?

사람이 무엇보다 중요하다는 거야. 에덴동산을 먼저 만드시고 구색(具色)을 맞추기 위해 인간을 만들어 넣으신 게 아니란 말이지. 마치 수족관(水族館)을 먼저 만들고 산호초(珊瑚礁)와 인공폭포(人工瀑布)를 넣는 다음 물고기를 넣는 것처럼 에덴동산을 만들고 빈곳을 채우기 위해 인간을 만드신 게 아냐. 인간을 먼저 만드신 다음에 그 인간이 거처할 장소를 주시기 위해 에덴동산을 만드셨다는 의미야.

그러나 세상은 그 반대야. 공장을 먼저 세우고 사원모집(社員募集)을 하잖아. 다시 말하면 회사를 먼저 설립한 후에 그 회사를 위해 일할 사람, 회사를 운영할 사람을 뽑는 거야. 그러니 사람보다 회사가 먼저야. 사람은 회사를 위해 존재하는 하나의 도구일 뿐이야. 돈벌이가 시원찮거나 일을 못하면 쫓겨나야 하는 거야. 회사가 어려워지면 얼마든지 사람을 정리(整理)하고 해고(解雇)할 수 있어. 그게 회사야. 그러나 하나님 나라는 달라. 인간이 중요하단다. 하나님은 인간 없이는 아무 일도 안하셔. 꼭 인간을 통해서만 역사(歷史)를 이끄시는 거야. 중세 때 성자 어거스틴의 말마따나 "인간 없이 세상을 만드신 하나님은 인간 없이 세상을 구원하시지 않는다."라는 거지. 그래서 하나님 나라에서는 인간이 주인이야. 인간은 우주의 중심주체(中心主體)고 하나님의 구원의 대상이지. 즉 천사가 아무리 귀해도 하나님은 천사를 위해 죽지 않으셨어. 인간을 위해 죽으신 거야. 그래서 인간을 가리켜 만물(萬物)의 영장(靈長)이라고 하는 거야.

2. 행복과 고통은 한 획 차이

행복 幸福과 고통 辛

하나님은 인간을 만드시고 어디에 두셨다고 했지? '에덴동산'이지? 그 말뜻은 뭘까? '기쁨', '행복(幸福)'이란 뜻이야. 하나님은 고약하신 분이 아냐. 부모들은 모든 자녀가 행복하고 잘 되길 바라는 것처럼 하나님도 인간들이 행복하길 바라셨어. '행복(幸福)'은 자녀를 향한 모든 부모들의 공통적인 희망이야. 그런데 이 '행복 행(幸)' 자는 네가 아는 어떤 글자와 흡사하지? 바로 '매울 신(辛)' 자와 흡사해. 쓸 신, 혹은 고통스러울 신(辛)이라고도 하는데 네가 좋아하는 "신라면"도 여기서 나왔단다. 너도 전에 '행라면'으로 읽은 적도 있었지?

그런데 이 두 글자는 부수 하나 차이야. 인생의 고통(苦痛)과 행복(幸福)은 결국 한 획 차이란다. '고통(辛)'에서 조금만 더 노력하렴. '한 줄(一)' 혹은 '한 획(劃)'만 더 그으면 '행복(幸)'이야. 그런데 결국 인간은 하나님이 주신 행복에서 한 가지를 빼먹고 말았어. 순종(順從)을 뺐던 거지. 그리고 급속하게 타락하기 시작한 거야. '고통스럽다'는 뜻의 '매울 신(辛)' 자는 뒤에 가시 더 자세하게 설명할게.

3. 인간의 타락(墮落)과 구원의 서막(序幕)

금 禁

　하나님께서 인간을 사랑하셔서 정성으로 만드시고, 에덴동
산에 살게 하셨는데 아쉽게도 그 인간이 타락하고 말았어. 바
보같이 하나님의 명령을 어기고 배신(背信)한 거지. 하나님께
서 금하신(禁) 선악과를 따먹고 말았단다. 여기서 '금할 금(禁)'
자를 살펴보면 너무 재미있어. 왜 '금하다'라는 말에 나무가
들어갔을까? 도대체 금한다는 말과 나무와는 무슨 연관성이
있을까? 아버진 너무도 궁금해서 집 안에 있는 수백 권의 한
문책을 찾아보았어. 명쾌한 대답을 주는 곳이 한 군데도 없었
어. 왜냐하면 한문학자들은 죽었다 깨어나도 이 연관성을 풀
지 못하거든. 그러나 우리는 이 비밀을 쉽게 알 수 있지. 심지
어 허신도 이 글자를 풀이하기를 '길흉지기야(吉凶之忌也)'라고
했어. '길함과 흉함을 꺼리는 것이다'라는 뜻이야. 여기서 길
함이 뭐고 흉함이 뭔지 명쾌하지 않아. '선과 악'이라고 까지
는 해석하는데 그 뒤에 설명이 개운치 않아.[31] 이건 성경으로
만 해석될 수 있단다. '두 나무'는 짐작한 대로 생명나무와 선

31) 박재성, 같은 책. p. 146

악을 알게 하는 나무, 간단히 불러서 '선악과(善惡果)'였던 거야. 인간이 하나님의 명령을 어기고 타락한 뒤에 하나님께서는 사람이 타락한 채로 영생할까 두려우셨던 거야. 그래서 창세기 3장 마지막 절(節) 말씀처럼 "이같이 하나님이 그 사람을 쫓아내시고 에덴동산 동쪽에 그룹들과 두루 도는 불 칼을 두어 생명나무의 길을 지키게 하시니라"(창 3:24)라고 기록된 거란다. 하나님께서 두 나무를 향한 인간의 접근(接近)을 금지시키신 거야.

금 傑

비슷한 글자로 '우러를 금(傑)' 자가 있어. 이것은 동산 안에 각종 나무의 열매는 임의로 먹지만 선악과만큼은 먹지 말라고 하나님께서 말씀하셨거든. 그래서 접근금지 명령을 받는 사람(人)이 금지(禁)된 나무에 접근하지 못하고 우러르며 쳐다보고만 있는 거란다.

람 婪

비슷한 글자로 '탐할 람(婪)' 자가 있는데 이것은 두 나무(수풀 林) 밑에 여인(女人, 하와)이 서서 어떤 나무 열매를 따먹을까 고민하는 모습을 형상화한 거야. 왜냐하면 하와의 호기심(好奇心)과 불신(不信)에서부터 타락이 시작된 것이거든. 기왕

'계집 녀(女)' 자가 나왔으니 여기에서 파생된 글자를 알아볼까? 주로 이 글자가 붙어있는 것은 부정적으로 많이 쓰이는데 이것은 여성들이 부정적이라는 의미가 아니라 이런 글자가 만들어질 때의 상황이 남성 중심적이고 권위적이었다는 의미를 갖는 거야. 언어는 그것이 '좋다' 또는 '나쁘다'라는 객관적 실체를 갖는 게 아니라 언어가 생성될 때의 사회와 관습을 표현하는 도구기 때문이지.

노 奴

이 글자는 '종 노(奴)' 자인데 옛날에 전쟁에서 잡혀오거나 빚을 갚지 못해서 팔려가는 노예를 뜻했어. 재미난 것은 글자 속에 '계집 녀(女)' 자가 있는데 사실은 '사내 노예'를 뜻하고 있다는 거야. 이 글자를 파자해 보면 '여자(女)가 오른손(又)'으로 일한다는 걸 표현하고 있어. 옛날에는 여자가 일을 다 했거든. 아마도 이것은 여자 노예를 지칭한다기보다는 부계사회 이전에 존재했던 모계사회에서 만들어진 단어가 아닌가 싶다고들 한다.

노 努와 노 怒

이런 노예(奴)가 '힘(力)' 쓰는 걸 보고서 '힘쓸 노(努)'라고 표현했어. '열심히 노력(努力)한다' 할 때 사용하는 말이야.

‘성낼 노(怒)’라고 알려진 이 글자도 ‘노예 노(奴)’ 밑에 ‘마음 심(心)’ 자가 붙어있는 글자인데 ‘노예의 마음’이란 게 늘 절망스럽고 죽지 못해 살아가는 고통스런 처지를 표현하다 보니까 분노하고 성내는 것으로 나타난 거야.

망 妄

계집 녀를 사용하는 부정적인 글자는 또 있어. ‘거짓될 망, 혹은 허망할 망(妄)’ 자인데 글자 그대로 하면 ‘망할(亡) 여자 (女)’야. 여자에게 유독 좋지 않은 표현을 하던 사회상을 반영하고 있지.

간 奸

‘간통할 간, 혹은 범할 간(奸)’이야. 분명 간통은 여자 혼자 하는 게 아니라 남자와 같이 하는 것인데 남자는 쏙 빠지고 여자만 남아 있지. 여인 쪽에서 보면 불쾌하고 속상할 수 있지만 나는 해석을 달리 해. 이 글자를 파자해 보면 ‘여인(女)이 방패 간(干)’을 가지고 가정을 지키는 숭고한 글자라고 생각해. 철딱서니 없는 남성들이 일을 그르치고 사회를 혼란시킬 때 방패를 들고 가정을 지키는 건 여성들이거든.

간 姦

여자 셋이 모이면? '간사할 간, 혹은 나쁠 간(姦)' 자야. 남자들이 모여서 만든 글자라는 게 쉽게 드러나지? 그러니 여성들은 너무 열 받지 않았으면 좋겠어. '간통(姦通), 강간(强姦)' 할 때 쓰이는 단어야.

첩 妾

하나만 더 할게. 첩(妾)이란 글자인데 이 글자를 어떤 학자는 원래 이 글자는 '신(辛)'으로 이마에 노예표지를 새겨 넣은 '여자노예'를 형상화했다는 거야.[32] 심지어 그는 '아이 동(童)' 자에도 이마에 '신(辛)'이라는 노예표시의 묵형을 새겨 넣은 글자라고 주장하고 있어. 그러나 이건 너무 많이 나간 것이야. 글자 어디에도 그런 사실을 발견할 수 없고, 역사적인 문헌에도 이런 말을 뒷받침하는 근거가 없어. 이 글자는 단순하게 살펴보면 돼. 이 글자를 파자해 보면 '서(立) 있는 여자(女)'란 뜻이야. 왜 이런 의미가 붙었을까? 옛날에 정실(正室) 혹은 본처(本妻) 있는 집에 소실(小室)로 들어가게 되면 서러움을 당해야 했어. 그래서 서있었던 거지. 정실부인은 앉아 있는 여자고…. '아이(童)'란 말도 '마을(里) 어귀에 서있는(立)' 아이를 가리키는 말이야.

---

32) 이권홍 편저, 같은 책. p. 15

서 恕

그러나 계집 녀란 글자가 이렇게 부정적인 데에만 쓰이는 건 아냐. 인간이 할 수 있는 가장 아름다운 게 뭔지 아니? 바로 남을 용서(容恕)하는 일이야. 이 용서가 얼마나 중요하냐면 예수님께서도 제자들에게 기도를 가르쳐주실 때 "우리가 우리에게 죄 지은 자를 용서해 준 것처럼 우리의 죄도 용서해 달라"(마 6:12)고 가르치셨어. 이 '용서'에서 '용서할 서(恕)' 자를 파자해 보면 '같을 여(如) 마음 심(心)' 자를 쓴단다. 즉 같은 마음을 가지면 용서하게 돼. 고사성어로 말하면 역지사지(易地思之), 즉 입장을 바꾸어 생각하면 만사 오케이지.

기 妓

심지어 한문학자들이 이해하기 힘든 글자도 있어. 긍정적인 글자인데 '기생 기(妓)' 자야. 이 글자는 도무지 파자가 안 되는 글자야. 기생이란 뜻에 '계집 녀'가 있는 건 알겠는데 어떻게 '열 십(十)' 자와 오른손을 뜻하는 '또 우(又)' 자가 있을까? 이건 성경을 모르면 죽었다 깨어나도 이해할 수 없는 글자야. 여호수아 2장에 보면 이스라엘이 가나안 땅에 진입하기 직전, 모세의 후계자 여호수아가 정탐꾼을 여리고로 은밀히 잠입시켜 정탐해 오라고 보내는 장면이 있어. 가나안을 정탐하러 온 이스라엘 병사들을 여리고에 사는 여인인 라합이 살려주고

도와줘서 보내는데 이 여인의 직업이 무엇이냐 하면 기생이
야. 무사히 목숨을 구원받고 돌아가던 정탐꾼들이 이 여인에
게 약속을 하지. 이스라엘이 쳐들어오는 날 창문에 붉은 줄을
매어놓으면 해를 당하지 않는다고 말이야. 여기서 생겨난 단
어야. 구원의 붉은 줄, 곧 십자가(十)를 붙잡은(又) 여인(妓)이
란 뜻이야(수 2:1~21). 이병구 교수의 책, 「그리스도와 한자」
에도 비슷한 구절이 있어.[33]

시 始

'시작' 할 때 그 '시(始)' 자도 여자와 관계가 있는 거야. 인간
의 역사는 타락(墮落)의 역사고 하나님의 역사는 구원(救援)의
역사서. '처음 시, 혹은 근원 시(始)' 자를 파자해 보면 '여자(女)
가 은밀히(厶) 입(口)'으로 선악과를 따 먹은 데서 타락의 역사
가 시작한 거란다. 그래서 세상에 죄(罪)가 들어온 거야. 이 죄
(罪)는 물고기가 그물망 안에 갇혀 있듯이 '사람(人)이 테두리
(口)' 안에 갇혀 있다는 말이야. 죄를 지었으니 감옥 속에 갇혀
있는(囚) 걸 보여 주고 있단다.

그래서 그런 걸까? 동양에서는 서양과 달리 '넉 사(四)'를 싫
어해. '죽을 사(死)' 자와 음이 같기도 하지만 사람이 테두리 안
에 갇혀 있는 글자고 보니 좋아할 리가 없었던 거야. 그러나
서양은 달라. 동서남북도 넷이고 예수님과 모세, 그리고 엘리

---

33) 이병구, 같은 책. p. 107

야가 금식 기도한 기간도 사십일이고 사순절 기간에도 '넉 사'
자가 들어가고, 이스라엘이 40년 광야생활을 한 것도, 모세가
40세에 애굽인을 죽이고, 80세에 하나님의 부르심을 받는 일
도 모두 '사(四)' 자와 관련이 있어.

초 初

  '시작'을 의미하는 말에는 '시작 시(始)'와 같이 '처음 초(初)'
자도 자주 쓰인단다. 이 글자를 파자해 보면 '옷 의(衤)' 자와
'칼 도(刀)'로 되어 있지. 옷이란 뭘까? 허신은 「설문해자」에서
'의야 상왈의 하왈군(依也 上曰衣 下曰裙)'이라고 표현했어. 즉
'옷이란 의지하는 것이다(依也). 상의는 옷(衣)이고 하의는 치
마(裙)'다 라는 뜻이야.[34] 다른 곳에서는 '치마'를 '상(常)'이라고
표현한 곳도 있어. 여기서 상(常)은 치마를 말한다[35]고 했는데
아마도 잘못 쓴 표현일 거야. 어쨌든 이 글자는 창세기 3장에
등장하는데 교만해져서 하나님의 말씀 보다는 뱀의 꼬임에 넘
어가 타락한 인간이 에덴동산에서 쫓겨날 때 하나님께서 아담
과 하와를 위해 옷을 지어 입히셨는데 그 옷이 곧 가죽옷이었
어. 가죽옷을 입히려면 동물의 가죽이 필요했고, 그러려면 칼
로 동물을 잡아야 했으니까 '인류 최초의 옷'을 만드는데 '칼'
이 필요했었다는 의미란다.

---

34) 박재성, 같은 책. p. 134
35) 염정삼, 같은 책. p. 393

이렇듯 타락한 인간을 하나님은 그래도 사랑하셔서 노아에게 방주를 만들라고 명령하셨지. 그래서 하나님은 노아가족을 구원하시고 이를 시작으로 새로운 인류문화를 만들어 가신 거야. 나는 처음 한자를 접할 때 이 글자, 즉 '배 선(船)' 자에 대한 해석부터 들었단다. 아마 고교 1학년 때 쯤 일거야. 이 '배 선(船)' 자는 참 재미있는 글자야. 이 단어는 '배(舟)' 안에 있던 여덟(八)명의 사람(口)을 하나님께서 구원하신 걸 기념하여 만든 글자야. 그런데 왜 하필 여덟 명이냐구? 구원받은 노아 가족이 8명이었거든. 노아와 부인, 세 아들과 세 며느리 등 모두 8명이야. 그래서 서양에서는 종종 8을 지칭할 때 '구원의 숫자'라고 좋아하는 경향이 있단다.

4. 물로 세상을 심판(審判)하신 하나님

결국 인간의 타락은 화(禍), 즉 재앙(災殃)을 자초하고 말았어. 자초(自招)란 '스스로 불러 들인다'는 뜻이야. 이제 하나님께서 인간을 만드심을 한탄(恨歎)하셨어. 그래서 하나님께서는 물로써 세상을 심판하시기로 결심하시고 노아에게 배를 만들라고 명령하셨지. 그래서 노아는 사람들이 뭐라 하든, 어떤 무시를 당하고 멸시를 받든지 간에 방주를 만들기 시작했어.

하나님의 명령(命令)이었거든. 이윽고 방주가 다 완성되자 결국 하나님은 물로 세상을 심판(審判)하신 거야.

누가 재미있게 지어낸 이야기가 있어. 노아의 방주에는 없는 게 여러 개 있었대.

먼저, 나침반이 없었대. 사십 일 주야(晝夜)로 비가 오는데 하늘이 보일 리 만무했겠지만 이 말의 의미는 하나님의 말씀이 나침반 되어 방주를 이끌 듯 우리 삶을 이 세상에서 이끌어가시는 거야.

엔진이 없었대. 즉 무동력(無動力)이었던 거지. 그저 하나님이 보내시는 대로 가고, 이끄시는 대로 움직여 나갔던 거야.

키가 없었대. 배에는 반드시 키가 있어. 그래야 그 육중한 배가 이리저리 방향을 틀며 움직여 나갈 수 있어.

그런데 키가 없으니…. 생각해 봐. 얼마나 난감하고 황망했을까? 그러나 오히려 키가 없으니 잘 된 거야. 하나님께서 조종해 가시도록 자리를 양보하고 키를 내어 놓은 거지. 그래야 길을 잃지 않아.

심판 審判

'심판' 할 때 이 '판가름할 판(判)'이란 글자도 '칼(刀)을 이용해서 똑같이 반(半)으로 나누는 것'을 뜻해. 이 '칼 도(刀)' 자는 여러 군데에서 사용된단다. 너 러시아의 대 문호였던 도스토예프스키가 쓴 소설 알지? 맞아, 「죄(罪)와 벌(罰)」 말이야. 젊은 법학도인 라스코리니코프가 "벌레 같은 진딩포 노파는 실해당해도 싸다"는 자신만의 잘못된 이론으로 무장하고 노파를 살해하지만 결국 마음속에서 일어나는 죄의식을 이기지 못해 자수하고 시베리아 형무소에 수감된다는 내용이지. 여기서 '벌(罰)'이란 뭘까? 뒤에 자세히 말하겠지만 '네 가지(四) 죄(罪)에 대해서 말(言)로 심판(刀)한다'는 뜻이야. 피고(被告)가 되어 재판석에 서면 재판장의 선고(宣告)가 곧 칼(刀)과 같이 느껴진대. 그렇기에 '형벌(刑罰)' 할 때의 '형(刑)' 자에도 심판한다는 것과 같은 의미의 '칼 도(刀)' 자가 있는 거야.

결국 죄를 지은 인간은 심판받아야 했고 이 심판은 곧 멸망(滅亡)을 의미했어. '멸한다' 할 때 이 '멸(滅)' 자에 물 수(水)가 부수로 들어가 있는 것은 바로 그런 의미가 있단다.

소召

'부를 소(召)'라고 알려진 이 글자에도 칼(刀)이 들어 있어. 허신은 「설문해자」에서 '평야(評也)'라고 풀이했어. 단순히 부른다는 의미가 아니라 '평가한다'는 뜻이야. 뭘 평가한다는 말일까? 이 말은 '칼처럼(刀) 단호하게 부른다(口)'라는 뜻이야. '소명(召命)'이나 '소천(召天)'같은 말을 할 때 모두 이 단어를 쓰지. 즉 하나님께서 그분의 종을 불러 사명을 맡기시거나, 사람을 하늘나라로 부르실 때 쓰는 단어야. 만약 누군가가 다른 이를 단순히 부르는데 썼더라면 '소(召)'가 아니라 '부를 호(呼)'

자가 쓰였을 거야. 하나님이 부르실 때는 단호하고, 두려운 거지. 그래서 히브리서도 말씀하기를 "한번 죽는 것은 사람에게 정해진 것이요 그 후에는 심판이 있으리니"(히 9:27)라고 하셨는지 몰라.

4장 인간의 죄(罪)와 구원(救援)

1. 인간이 피할 수 없는 죄(罪)

"사람의 죄악이 세상에 가득함과 그의 마음으로 생각하는 모든 계획(計劃)이 항상 악할 뿐임을 보시고 땅 위에 사람 지으셨음을 한탄(恨歎)하사 마음에 근심하신"(창 6:5~6) 여호와 하나님께서 세상을 심판하신 이야기가 창세기 6장 이하에 기록되어 있어. 비록 인간의 타락과 죄로 인하여 물로 세상을 심판하시긴 했지만 그래도 하나님은 세상과 사람을 사랑하셨어. 그래서 비록 인간이 스스로 죄를 짓고 그 죄 속에 매몰(埋沒)되어 버렸지만 하나님은 실낱같은 희망을 주셨어. 진노 중에라도 긍휼(矜恤)을 잊지 않으시고, 편달(鞭撻)하시면서도 울며 싸매시는 사랑의 하나님은 인간 군상들에게 구원의 길을 열어놓고 계시는 분이야.

죄 罪

그렇담 죄(罪)가 뭘까?

이 죄에 대해서는 의견이 분분한데 어떤 이는 '아닐 비(非)' 위에 있는 부수가 '넉 사(四)' 자라고도 하고, 또 누구는 '그물 망(罒)'이라고도 해. 여러 책을 봐도 설명이 달라. 너무 궁금해서 아버지가 국문학 박사코스를 다니면서 직접 중국인에게 물은 적이 있어. 오랜 세월 흑룡강 성에서 기자생활을 하고, 소설을 쓰시는 중국인 소설가였는데 그 분은 '넉 사(四)' 자가 맞대. 그러나 많은 책에서는 후자라고 주장하고 있어. 어쨌든 여기서는 한자의 어원을 밝히거나 문법을 따지는 게 아니니까 기독교교리를 이해하기 좋은 전자(前字)를 택해 설명하려고 해.

죄(罪)는 한자로는 '네 가지(四) 아닌 것(非)'이 죄란다. 그렇다면 네 가지 아닌 것은 또 뭘까?

신약성경에서는 이 사실을 극명하게 보여주고 있어.

첫째, 법(法)이 아닌 게 죄야. "죄를 짓는 자마다 불법(不法)을 행하나니 죄는 곧 불법이라."(요일 3:4)

둘째, 의(義)가 아닌 게 죄야. "모든 불의(不義)가 죄로되 사망에 이르지 아니하는 죄도 있도다."(요일 5:17)

셋째, 불신(不信)이 죄야. "의심하고 먹는 자는 정죄(定罪)되었나니 이는 믿음을 따라 하지 아니하였기 때문이라. 믿음을 따라 하지 아니하는 것은 다 죄니라."(롬 14:23)

넷째, 선(善)이 아닌 게 죄야. "그러므로 사람이 선을 행할 줄 알고도 행하지 아니하면 죄니라."(약 4:17)

이와 같이 죄는 우리가 일상적으로 알고 있는 상식(常識)과는 거리가 있어. 즉 우리는 누구를 속이거나 누구의 물건을 훔치거나 죽이거나 하면 죄가 되지만 성경에서 말씀하고 있는 죄는 그 범위가 훨씬 광범위한 거야. 무엇을 행하면 죄가 되는 게 아니라 오히려 무엇을 행하지 아니하면 죄가 되는 거야. 그러니 훨씬 범위가 넓어지는 거지.

어떤 사람들은 기독교의 십계명(十誡命)을 예로 들면서 기독교는 '부정(否定)의 종교'라고 비판하곤 해. 즉 열 가지 계명 중에서 하라는 것은 두 가지 뿐이고 하지 말라는 것은 여덟 가지니 하지 말라는 종교, 즉 부정과 억압의 종교라는 비판이야. 얼핏 그런 것 같지? 너도 그렇게 생각하니? 아냐. 그것은 옳지 않단다. 정반대야. 백 가지 중에서 만약 하라는 게 여덟 가지면 우리는 그 여덟 가지만 하고 살아야 해. 다른 것은 하면 안 돼. 그런데 백 가지 중에서 하지 말라는 게 여덟 가지면 나머지는 모두 해도 된다는 거야. 천 가지면 선택의 폭이 더욱 넓어지는 거지. 십계명은 하지 말라는 계명이 아니라 이런 중요한 것들만 빼고는 모두 해도 좋다는 계명이야. 오히려 선택의 폭이 훨씬 넓어진 거지. 그러므로 기독교는 부정(否定)이 아닌 긍정(肯定)의 종교야.

본문으로 돌아가서 이렇듯 죄의 범위가 훨씬 넓어졌다는 건 뭘 의미할까? 그래, 우리 인간들이 죄를 짓지 않고 살아갈 수 없다는 뜻이야. 죄는 크게 원죄(原罪)와 자범죄(自犯罪)로 나눈단다. 원죄란 아담 때부터 내려온 죄로 우리는 원래 죄성(罪性)을 가지고 죄악(罪惡) 가운데 출생했다는 교리고, 자범죄(自犯罪)는 인간으로 태어나 육신을 입고 이 땅에서 살아가면서 알게 모르게 범하는 죄들을 말하고 있어.

문제는 누구나 이 죄로부터 자유롭지 못하다는 거야. 즉 우린 모두 죄인이야. 그런데 모든 죄에는 반드시 대가가 있어야만 해. 즉 죄는 벌을 받아야 한다는 것이지. 이것을 죄형법정주의(罪刑法定主義)라고도 해. 그렇다면 우린 모두 죽어야 해. 지옥 밑바닥에 가서 앉아 있어야 할 존재(存在)들이야.

2. 인간의 구원

1) 구약 시대의 동물 제사

죄를 지으면 반드시 피 흘림이 있어야 해. 구약시대에는 죄를 지은 인간을 구원하기 위해 대제사장이 흠 없고 티 없는 어린 양 한 마리를 잡아 그 머리에 안수(按手)하고 이스라엘의 모든 죄를 그 양에게 전가시켰어. 그리곤 길도 없는 광야나 사막에 억지로 그 양을 쫓아 보냈단다. 그러면 그 양은 이리저리 헤매며 기진맥진하다가 결국은 맹수의 밥이 되거나 지쳐 쓰러져 죽고 말았어. 그런 양을 희생양(犧牲羊, Scapegoat)이라고 하는 거야. 이스라엘의 모든 죄를 대신 짊어지고 죽었다는 의미지.

희생 犧牲

여기서 '희생(犧牲)' 할 때의 이 글자는 그래서 동물과 관계가 있는 말이야. '희생 희(犧)' 자는 복잡한 글자 같지만 실은 단순하고 쉬운 자야. '소(牛)나 양(羊) 중에서 흠 없이 빼어난(秀) 놈을 창으로(戈)' 잡는다는 뜻이야. 쉽지 않니? '희생 생(牲)' 자도 '소(牛)의 생명(生)'이란 뜻이지. 왜 우(牛) 자가 소를 뜻하는 글자냐고? 이건 뿔이 나있는 소의 모양을 보고 만든 글자래.[36] 소를 기를 때는 '축(畜)'이라고 쓰지만 제사에 쓰일 때는 '생(牲)'이라고 하는 거란다. 이처럼 구약시대에는 죄를 범한 인간을 대신해 하나님께 제사를 집전하는 제사장(祭司長)이 무척 중요한 존재가 되었던 거야.

2) 신약시대의 제사 - 왜 인간이 지옥 가나?

내가 서울 어느 교회에서 대학부를 지도할 때 서울대학교를 다니는 한 학생으로부터 질문을 받았어. "정 전도사님, 예수 믿으면 천국(天國) 가나요?" "그럼." "그렇다면 안 믿으면 지옥 (地獄) 가나요?" "물론이지." "그럼 불신자가 지옥 가는 것은 예수님 때문이겠네요. 예수님이 안 오셨더라면 지옥 가는 사람

---

36) 이권홍 편저, 같은 책. p. 83

도 없었을 텐데 주님 때문에 지옥 가는 것이군요." 난 그때 무척 당황했어. 대답할 말을 찾지 못했거든. 적절하고도 확신 있게 대답하지 못한 나 자신에 대해 한동안 부끄러운 죄의식에 빠져 있었어. 그러나 이젠 자신 있게 말할 수 있어.

사람이 지옥 가는 것은 누구 때문이 아냐. 자신의 죄(罪) 때문이지. 죄의 문제를 해결하지 못하면 지옥에 갈 수밖에 없는 거야. 세상에는 하나님이 만들어 놓으신 법칙(法則)이 있어. 이 법칙은 하나님 자신도 어길 수 없단다. 예를 들면 인간이 나면 늙고 병들고 죽는 거지. 아무리 인간의 배아복제가 이루어지고, 클론 시대가 된다고 하지만 인간은 영원히 살 수 없는 거야. 하나님이 만드신 법칙 때문이지. 하나님이 만드신 중요한 원칙이 또 하나 있어. 천국에는 의인(義人)만이 갈 수 있다는 거야.

교회엔 죄인도 오지만 천국에는 의인만이 갈 수 있는 거란다. 그럼 어떻게 의인이 될 수 있을까? 100일 기도를 하거나 새벽기도를 하면 될까? 40일 금식기도를 하거나 자신의 전 재산을 교회에 바치면 될까? 대답은 노(NO)! 야. 그런 것들을 행위라고 하고 인간은 행위(行爲)나 공로(功勞)로 구원받을 수 없단다.

3) 은혜(恩惠)와 믿음(信仰), 그리고 구원(救援)
그러면 어떻게 우리가 구원받을 수 있을까? 이 면에서는 사도 바울이 짱이야. 그 분은 에베소서에서 이렇게 말씀하셨어.

"너희는 그 은혜(恩惠)에 의하여 믿음으로 말미암아 구원(救援)을 받았으니 이것은 너희에게서 난 것이 아니요 하나님의 선물(膳物)이라. 행위(行爲)에서 난 것이 아니니 이는 누구든지 자랑하지 못하게 함이라."(엡 2:8~9)

종교에서 가장 중요한 단어는 구원(救援)이야. 아무리 훌륭한 종교라 해도 구원을 주지 못하는 종교는 사이비에 불과해. 그런데 그렇게 중요한 구원은 어떻게 받을 수 있을까? 여기에는 기독교에서 가장 중요한 단어 세 가지가 등장하고 있어. 은혜와 믿음, 그리고 구원이야. 구원받기 위해선 반드시 두 가지가 필요해. 은혜와 믿음이야. 그런데 은혜(恩惠)는 누구 것일까? 맞아. 하나님의 은혜야. 믿음은? 내 믿음이지. 즉 구원받기 위해선 하나님의 은혜가 있어야 하고, 내 믿음도 함께 가져야만 해. 둘 중 어느 하나라도 빠지면 구원받지 못하는 거야. 이 둘은 구원받는데 있어 필요충분조건(必要充分條件)이지.

교회사적(教會史的)으로 보면 어느 종파는 하나님의 은혜만 강조했어. 그래서 신비주의(神秘主義)로 흘렀고 인간의 노력은 약화되었어. 또 다른 종파는 하나님의 은혜는 무시하고 인간의 믿음과 노력만을 강조했지. 이 또한 인본주의(人本主義)로 흐르고 만 거야. 둘 중 어느 하나로 흐르는 것은 옳은 게 아냐. 사도 바울의 말마따나 은혜와 믿음, 이 둘 모두 중요한 거야.

가령 예를 들어 볼까? 지금 눈에 보이지 않지만 이 방에는 전파(電波)가 흐르고 있어. 내가 TV를 가져다 전원을 연결하고 채널을 맞추면 TV를 볼 수 있지 않겠니? 전원을 연결하고,

채널을 맞추는 노력을 〈믿음〉이라 한다면 그 이전에 한 가지 조건이 충족(充足)되어야 해. 전파가 흐르고 있어야 한다는 거지. 아무리 새로 산 TV고 좋은 회사의 브랜드라고 하지만 전파가 흐르지 않는 난시청(難視聽)지역이라고 한다면 소용이 없단다. 그래서 전파가 먼저 흐르고 있어야 하는 거야. 마찬가지로 하나님의 은혜가 먼저 임하고 있어야 한단다. 이것을 요한 웨슬리 선생님은 '선행적 은총(先行的恩寵, Preventing Grace)' 혹은 '선재적 은총(先在的恩寵)'이라고 했어. 즉 모든 사람 위에 먼저 하나님의 은총이 임하신다는 뜻이지.

4) 희생양(羊)이신 예수 그리스도

그리고 믿음이 중요한 거야. 그럼 누굴 믿는 믿음일까? 예수 그리스도를 믿는 믿음이야. 그렇다면 무엇을 믿는다는 걸까? 우리가 "예수 믿으세요."라고 전도할 때 예수님의 무엇을 믿으라는 말일까? 2천 년 전에 사셨던 역사적(歷史的)인 예수를 믿으란 말일까? 아니면 그분의 인격(人格)과 교훈(教訓)을 믿으란 말일까? 그것도 아니라면 성경에 나와 있는 주옥같은 그분의 설교(說教)를 믿으란 말일까?

양 羊

쉽게 설명하면 '예수 믿으세요.' 하는 말은 '예수님을 구세주(救世主)로 믿으세요.' 하는 말이야. '예수님은 세상을 구원

하시기 위해 이 땅에 내려오신 하나님입니다.' 하는 말이란
다. 그래서 신약시대에 와선 더 이상 동물을 잡을 필요가 없어
졌어. 왜냐하면 예수님께서 단번에 대속자(代贖者)가 되어 십
자가에서 인간의 죄를 씻어 주셨거든. 그러므로 우리가 기도
할 때 '예수님의 이름으로 기도합니다.' 라고 하는 거야. 그 분
의 이름으로 우리는 용서받고 하나님께 나갈 수 있게 된 거지.
즉 주님이 우리 대신 희생양(犧牲羊)이 되셔서 우리를 구원하
셨던 거야. 세례 요한은 이 사실을 정확히 알고는 예수님을 향
해 "보라 세상 죄(罪)를 지고 가는 하나님의 어린 양이로다"(요
1:29)라고 말했어. 예수님을 어린 양(羊)으로 표현한 거야. 한
자로 이 양(羊)으로 표현한 글자가 몇 개 있어. 물론 여기서 다
말할 순 없지만 몇 개만이라도 살펴보면 좋겠지?

선 善

  착할 선(善)이라고 표현하는 이 글자도 양(羊)과 관계가 있
어. 이 자를 파자해 보면 '양(羊)을 제단(그릇 명皿) 위에 놓고
입(口)'으로 기도하는 형상이야. 즉 착한 일이란 남을 돕거나,
애정을 베푸는 것도 참으로 중요하지만 원래의 뜻은 하나님과
관계된 단어로서 양을 잡아 제단 위에 올려놓고 기도하는 것
을 표현하고 있어. 또 다른 의미로는 '양 양(羊)' 자와 '말씀 언
(言)' 자가 합해진 글자라고도 해.[37] 이 글자를 풀이하면, '착하

---

37) 趙玉九, 같은 책. p. 144

다 혹은 선하다'로 '어린 양(羊)이신 주님의 말씀(言)'은 선한 것
이란 뜻이고, 말씀(言)이신 주님(羊)은 선하신 분이란 뜻도 된
단다.

미美

우리가 아주 많이 쓰는 말인 아름답다는 뜻의 '미(美)' 자도
여기서 온 글자야. 이 글자를 파자(破字)해 보면 '양(羊)이 크다
(大)' 혹은 '큰(大) 양(羊)'이란 뜻이지. 왜 큰 양이 아름다울까?
의견이야 분분하겠지만 아버지 생각은 이래. 이건 단순히 겉
모습을 보면서 평가한 것은 아닐 거야. 모든 생물은 작을수록
더 아름다워. 그런데 여기서 큰 양이란 '예수 그리스도'를 가
리키고 있단다. 온 인류를 위해 십자가 위에서 희생 제물로서
죽임을 당한 양이기에 예수님은 큰 양이고 아름다운 거야.

너무 재미있는 것은 이 '미(美)'자와 관련해서 「설문해자」를
보면, '미여선동의(美與善同意)'라고 나와 있어. 즉 '미(美)와 선
(善)은 그 뜻이 같다'라는 말이야. 세상 사람들은 풀어내기가
힘든 이 글자도 우리에게는 누워 떡 먹기지? 이 두 글자에는
같은 '양(羊)' 자가 사용되었기 때문이야. '제사에 쓰일 큰 양'은
'주님'이시고, 그 '주님이 하시는 말씀'은 모두 '선(善)'하기 때
문이지.

'상서로울 상, 혹은 복 상(祥)'이라고 알려진 이 글자도 같은 범주에 속하는데 '하나님께(示) 드려진 양(羊)'이 복되다, 혹은 흔하지 않고 상서롭다는 뜻이야. 허신은 이 글자를 '복야(福 也)'라고 풀이했어. '복되다'란 뜻이지. 하나님께 바쳐진 양은 전술(前述)했듯 평범하고 흠 있는 양이 아니지. '흠 없고 티 없는' 완전한 양이니까 상서롭고 복될 수밖에.

3. 그렇다면 어떻게 의인이 될 수 있을까?

결론적으로 우린 모두 죄인이었어. 어떤 사람들은 이 말을 끔찍하게 싫어하는 사람도 있어. 우리가 왜 죄인이냐고 박박 우겨. 나는 단 한 번도 양심(良心)과 국법(國法)을 어긴 일이 없 노라고···. 그런데 여기서 말하는 죄는 헌법이나 형법을 어긴 다는 의미가 아니란다. 이건 종교적인 죄, 즉 원초적인 죄를 말하는 거야. 사도 바울 선생님은 이 말을 로마서에서 이렇게 말씀했단다. "모든 사람이 죄를 범하였으매 하나님의 영광에 이르지 못하더니."(롬 3:23)

'모든 사람이 죄인이다.' 이 명제(命題)가 기독교의 출발점이 야. 다시 말해 기독교는 여기서 출발한 거야. 어거스틴은 이를 가리켜 '전적인 타락(全的墮落)'이라고 표현했어. 이 죄는 세상

누구도 피해갈 수 없으면서 우주에 있는 어떤 것으로도 씻을 수 없는 거지. 아무리 뛰어난 세척제로도, 아무리 엄청난 재물(財物)로도 없앨 수 없는 거야. 그래서 주님이 우리를 위해 돌아가심으로 죄인인 우리도 의인(義人)이 될 수 있었던 거야.

의인 義人

아까 하던 말을 계속 이어 볼까?

죄인은 교회에는 올 수 있지만, 아니 와야 하지만 천국엔 갈 수 없단다. 이건 하나님이 만드신 법칙(法則)이야. 천국에는 반드시 의인(義人)만이 갈 수 있단다. 그럼 어떻게 의인이 될 수 있을까? 이건 아무리 많은 노력이나 공로를 쌓아도 불가능한 거야. 일평생 고행과 수도를 하며 득도를 하려고 애를 쓴다 해도 이뤄낼 수 없는 거지. 즉 이런 경우를 가리켜 '불가항력(不可抗力)'이라 한단다. 죄인은 절대로 천국에 들어갈 수 없어. 의인이 되어야 해. 그렇다면 정말 어떻게 의인이 될 수 있을까?

의인(義人)을 한자로 '옳을 의(義) 사람 인(人)' 이렇게 쓰지. 그런데 '옳을 의(義)' 자는 무슨 뜻일까? '양 양(羊)' 밑에 '나 아(我)'가 있는 거야. 즉 "양 밑에 내가 있는 것"이지. 양 밑에 내가 있다는 말은 무슨 뜻일까?

한자(漢字)는 뜻을 나타내는 표의문자(表意文字)고 상형문자(象形文字)지만 입체감(立體感)을 줄 수 없는 평면문자(平面文

字)에 불과해. 한자에서 어떤 단어가 다른 단어 밑에 있으면 밑에 있는 자(字)가 위에 있는 글자, 혹은 존재를 섬긴다, 존경(尊敬)한다, 숭상(崇尚)한다, 혹은 믿는다라는 뜻을 나타내기도 하지. 그러므로 옳을 의는 '내가 양이신 예수님을 믿는다'라는 말이야. 즉 누구든지 "하나님의 어린 양"(요 1:29)이신 주님을 믿기만 하면 우리의 공로(功勞)나 행위(行爲)와는 관계없이 의인(義人)이 되는 거야.

바울은 이걸 이렇게 표현했어. "그리스도 예수 안에 있는 구속(救贖)으로 말미암아 하나님의 은혜로 값없이 의롭다 하심을 얻은 자 되었느니라"(롬 3:24), 즉 의인(義人)이 되었다는 거야. 여기서도 하나님의 은혜가 나타나지? 우리가 의인이 되는 것은 전적으로 하나님의 은혜야. 또 이어서 말씀하시기를, "곧 이때에 자기의 의로우심을 나타내사 자기도 의로우시며 또한 예수 믿는 자를 의롭다 하려 하심이라."(롬 3:26) 어떤 사람이 의인이 될 수 있다고 하셨지? 예수 믿는 사람을 의롭다고 인정해 주시겠다는 말씀이야. 실제로는 의인이 아니지만 주님을 믿기만 하면 인정해 주시겠다고 약속하신 거야. 이것이 가장 귀중한 복음(福音)이지.

한 걸음 더 나아가서 바울은 결론적으로 이렇게 말씀하고 있지. "그러므로 사람이 의롭다 하심을 얻는 것은 율법의 행위에 있지 않고 믿음으로 되는 줄 우리가 인정(認定)하노라."(롬 3:28)

그렇다면 율법은 전혀 필요 없는 것일까? 초대 교회 안에

도 이런 논쟁이 나타나기 시작했어. 그래서 심지어 어떤 이들은 율법은 전혀 필요 없다며 '율법무용론(律法無用論)'을 주장하고, 또 다른 이들은 율법을 폐기하자는 '율법폐기론(律法廢棄論)'까지 들고 나온 이들이 있어. 그러나 아버진 생각이 달라. 율법(律法)은 꼭 필요한 거야. 그러나 그것이 인간을 구원할 수는 없지. 율법은 마치 X-RAY와 같은 거야. X-RAY는 병을 보여줄 뿐이지 고칠 수는 없어. 그러나 병의 치료에 있어서 꼭 필요한 것이듯 율법은 우리를 구원시킬 수는 없지만 꼭 필요한 것이야. 마찬가지로 청진기는 병을 고칠 수는 없지만 몸의 이상을 감지하고 병을 알려주기에 꼭 필요한 의료기기이듯 율법을 통해 우리는 우리 자신의 부족함을 발견할 수 있기 때문에 소중한 거야.

그래서 바울 선생은 율법을 가리켜 '그리스도에게로 인도하는 초등교사(初等教師)'라고 갈라디아서 3장 24절에서 말씀하셨던 거야. 예전 성경에서는 '몽학선생(蒙學先生)'이라는 재미난 표현을 썼어. 이를 통해 복음의 중요성을 절감할 수 있기 때문이지.

5장 구원받는 인간

이렇듯 예수님을 믿고 구원받는 성도에게는 영생(永生)의 기쁨이 임하는 거란다. 이 영생은 '길 영(永) 날 생(生)'이야. '물 수(水)' 위에 점을 잘못 찍어 옆으로 새면 '얼음 빙(氷)' 자가 되니 조심해야 돼. 이 영생이란 말에도 나와 있듯이 물과 연관되어 있어. 즉 인간의 멸망(滅亡)도 물로 되었다면 영생(永生)도 물과 연관되어 있는 건 당연하지.

1. 목마른 인생

"누구든지 목마르거든 내게로 와서 마시라. 나를 믿는 자는 성경에 이름과 같이 그 배에서 생수(生水)의 강이 흘러나리라."

(요 7:37~38)

　"예수께서 대답하여 가라사대 이 물을 먹는 자마다 다시 목
마르려니와 내가 주는 물을 먹는 자는 영원히 목마르지 아니
하리니 나의 주는 물은 그 속에서 영생(永生)하도록 솟아나는
샘물이 되리라."(요 4:13~14)

　주님이 주시는 물은 영원히 목마르지 않는 샘물이야. 우리
주님은 이 물을 우리에게 주시기 위해 평생(平生)을 목마르게
사신 분이야. 사마리아에 있는 수가성이란 곳에서는 6번째
남편과 살고 있는 방탕(放蕩)했던 여인에게 "물을 좀 달라"(요
4:7) 하셨고 십자가 위에서 돌아가시면서까지 "내가 목마르다"
(요 19:28) 하셨단다. 얼마나 목마르셨으면 돌아가시기 직전까
지 이런 말씀을 하셨을까?

　그런데 나는 이렇게 말씀하신 주님이 그토록 고마울 수가
없어. 내가 따르는 스승님이, 내가 섬기는 주님이 목마르신 분
이라는 데 큰 위안(慰安)을 얻곤 한단다. 사람들을 구하기 위
해, 온 세상 사람들에게 영생하도록 솟아나는 샘물을 주시기
위해 당신 자신은 목마른 인생으로 사셨던 거야. 움직이지 않
는 물은 금방 썩는 것같이 사람은 추구(追求)하지 않는 순간부
터 정체(停滯)되기 마련이야. 성장(成長)하지 않으면 부패(腐
敗)하기 시작하지. 그래서 서양 철학과 학문체계에 있어 지각
변동(地殻變動)을 일으켰던 임마누엘 칸트란 철학자는 그가 쓴
「순수이성비판(純粹理性批判)」이란 책의 서문에 레싱이라는
철학자의 말을 인용하고 있단다.

"하나님께서 내게 나타나 한 손엔 진리(眞理)를 쥐고, 또 한 손엔 진리를 추구하는 추구성(追求性)을 쥐고 무엇을 원하느냐 물으시거든 나는 답하리라. 진리 그 자체(自體)는 하나님의 것이오니 하나님이 가지시고 저는 한평생 진리를 추구할 수 있는 추구성(追求性)을 주시옵소서…."

고민하지 않는 순간부터 우리는 타락하기 마련이야. 목마름이 없이 목과 배에 기름기가 끼는 순간부터 떡 해먹고 시루 엎은 격이야. 이쯤 해서 아버지가 오래 전에 지은 졸시(卒詩) 한 편 읽어 줄게.

〈나침반(羅針盤)〉이란 시야.

나 침 반

丁 學 鎭

움직일 때마다
떨고 있다.

바늘 끝이 미세하게 떨고 있는 한
나침반이 가리키는 방향을 믿어도 좋다.

떨고 있는 사람은
진실하다.
떨고 있는 사람의 말은 믿어도 된다.

두려움으로,
경외심으로,
떨고 있는 목사의 말은
떨고 있는 정치가의 말은
믿을만하다.

두려움을 잃어버리고
번지르르하게 말하는 순간부터
죽은 것이다.
바늘 끝이 떨림을 그치고
고정되는 한
나침반은 죽은 것이다.

내가 목마르다

한평생 목마름 속에 사신
스승을 따라가는 사람들도
목마를 일이다.
그 허기짐을 면하는 날
그 갈급함이 사라지는 날
죽은 것이다.

아버지는 네가 진리(眞理)를 향해 한평생 목말라 하고, 이웃
사랑에 목이 타며, 주님을 닮기 위해, 주님을 따라가기 위해
목마른 사람이 되었으면 좋겠어.

구원救援

이런 사람에게 구원(救援)이 임하지. 이 구원이란 단어를 파자해 보면 '구원할 구(救)에 당길 원, 혹은 잡을 원(援)'이야. 말 그대로 하면 구원하다의 구(救)는 '구할 구(求)와 두드리다(칠 복攵)'는 뜻이야. 즉 마태복음 7장 7절 이하의 말씀처럼 '찾고 구하고 두드리는' 것이야.[38] 원(援)은 '당길 원(援)'인데 이것은 손(手)으로 한(一) 친구(友)를 움켜잡는다(손톱 조 爫)'란 뜻이야. 물에 빠져 죽어가는 친구를 한 손으로 힘껏 당기는 뜻을 취하고 있어. 이처럼 구원이란 말 하나에도 여러 의미가 숨어 있단다.

굴窟

'굴(窟)' 자는 어떻게 탄생된 것일까? 내가 여러 한문책을 뒤져 보았지만 이 글자에 대해선 명쾌하게 해석해 놓은 것을 보지 못했어. 그러다 이병구 교수의 책을 읽으며 무릎을 쳤단다. 참으로 통쾌한 해석이었어.

요한복음에는 죽음에서 구원받은 한 사람이 나오는데 나사로란 사람이야. 이 나사로가 죽은 지 나흘이나 지나 냄새가 나고 베로 온몸을 동였는데 예수님께서 굴 밖에서 누이 마르다에게 "예수께서 이르시되 내 말이 네가 믿으면 하나님의 영광

---

38) 이병구, 같은 책. p. 132

을 보리라 하지 아니하였느냐"(요 11:40) 하시곤 "큰 소리로 나사로야 나오라 부르시니 죽은 자가 수족을 베로 동인 채로 나오는데 그 얼굴은 수건에 싸였더라"(요 11:44)고 기록되어 있어. 나사로가 굴에서 죽었다가 다시 살아난 거야. 이 글자를 파자하면 '구멍 혈(穴) 주검 시(尸) 나올 출(出)' 해서 굴(窟)이란 '주검(屍)이 나온(出) 구멍(穴)' 혹은 '구멍에서 주검이 나옴'이라고 해석할 수 있지.[39] 참으로 일리 있는 주장이야. 너도 알다시피 죽은 시체를 동굴 속에 묻는 이스라엘과 달리 중국에는 사람을 땅에 묻는 매장(埋葬)문화야. 그렇다면 더더욱 '주검이 나온 구멍'을 굴(窟)이라 할 수 없을 거야. 성경에 대한 전 이해가 있어야만 해석할 수 있는 거 아니겠니.

전 殿

이왕 '주검 시(尸)' 자가 나왔으니 여기에 연관된 단어 한자만 더 볼까? '성전(聖殿)' 혹은 '궁전(宮殿)' 할 때의 '큰집 전(殿)' 자야. 이 단어를 파자해 보면 '주검 시(尸) 함께 공(共) 창 수(殳)'란 글자야. '犧牲祭物(희생제물 尸)과 함께 죄악을 쳐부수는(殳) 곳'이 곧 성전(聖殿)이야. "…죽음을 통하여 죽음의 세력을 잡은 자 곧 마귀를 멸하시며"(히 2:14)라는 말씀처럼 '제물'을 통해 '마귀'를 멸하시는 곳이 성전이란다.

---

39) 이병구, 같은 책. p. 71

2. 사유(思惟)하는 인생

생각 思과 감사 恩

구원받는다는 말은 영생(永生)한다는 말과 같은 뜻이야. 즉 영원히 산다는 뜻이지.

사람들이 100세만 살아도 장수(長壽)했다고 하는데 영원히 산다면 얼마나 신나는 일이겠니? 그래서 우리 그리스도인들은 우리에게 영생을 주시기 위해 아들까지 십자가에 매달으시고 깃발처럼 나부끼게 하신 하나님의 사랑을 잊으면 안 돼. 그건 배은망덕(背恩忘德)한 거야. 그러므로 우리는 늘 하나님의 은혜를 생각해야 돼.

하나님의 은혜는 생각 할수록 감사하게 되어 있단다. 한자에서 '생각 사(思)' 자와 '은혜 은(恩)' 자가 비슷할 뿐만 아니라 같은 어머니 밑에서 나왔다는 것 자체가 신비한 거야. 즉 '생각하면 감사하다'는 거지. 영어도 그래. '생각하다'가 영어로 뭐지? 'think'야. 그럼 '감사하다'는? 'thank'야. 어때, 두 단어가 비슷하지? 이 두 단어도 같은 어원에서 나온 말이야. 즉 깊이 생각하면 감사한 거야. 아담과 하와가 떠나온 동산(田)을 마음(心)에 두는 게 곧 생각(思)하는 것이야. 그들은 동산에서 쫓겨나올 때부터 다시 돌아갈 날을 꿈꾸며 기다리고 있었을 거야. 오매불망(寤寐不忘) 떠나온 에덴동산(田)을 마음(心)에 두고 있는 걸 '생각하다'란 뜻에서 '생각 사(思)'가 된 거란다.

인囚

원래 '은혜 은(恩)' 자는 두 단어로 되어 있는데 '원인 인, 혹은 근원 인(因)' 자와 '마음 심(心)' 자로 되어 있어. 이게 무슨 뜻일까? '근원 인(因)' 자는 '동산(口)' 안에 계신 '크신 분(大)'을 형상화한 말이야. 동산 안에 계신 크신 분은 누구일까? 토마스 아퀴나스란 철학자는 하나님을 가리켜 '모든 원인을 있게 만드는 원초적인 원인, 즉 제 1원인이다'라고 했어. 다시 말하면 하나님은 제 1원인일 뿐만 아니라 우주의 모든 것을 움직이는 '제1동력(1st Mover)'이라고 주장한 거야. 이분(因)에게 마음(心)을 두면 감사(恩)하게 되는 거란다.

곤困

이왕 말이 나온 김에 한 단어만 더 알아볼까? 비슷한 글자 중에 '괴로울 곤(困)' 자가 있어. 왜 이 글자가 괴롭다 혹은 피곤하다는 뜻의 글자가 되었을까? '곤할 곤(困)' 자는 동산(口) 안에 나무(木)가 들어 있는 형상인데 애당초 에덴동산 한가운데 있던 나무, 즉 선악과(善惡果)를 상징하는 말이야. 이 나무로 인해 온 인류가 괴로워지기 시작했지. 아담과 하와 뿐 아니라 온 인류가 고생한 건 선악과 때문이야.

3. 감사하는 인생

아버지가 위에서 '생각하는 사람이 감사할 수 있고, 감사하는 사람이 생각한다'고 했는데 감사하는 사람이 되려면 깊은 생각이 밑받침이 되어야 해. 생각 없이 하는 건 위선(僞善)이거나 허위(虛僞), 혹은 가식(假飾)에 불과할 테니까 말이지. 효자(孝子)는 누구일까? '효도할 효(孝)' 자는 '노인(老)'이신 부모님을 '자식(子)'이 등에 업고 있는 형상을 본 따서 만든 글자야. 그렇다면 정말 효자는 누굴까? 늙으신 어머니께 집 잘 지어드려 혼자 사시게 하다가 돌아가시면 자신들이 들어와 사는 사람일까? 용돈을 많이 가져다주는 사람일까? 내 생각에 효자는 늘 어머니를 생각(思)하는 사람이야. 맛난 것 먹다가도 위장병 걸려 누워 계신 아버지가 생각나 목이 메고, 황홀한 장소에 갔을 때는 관절염으로 꼼짝 못하시는 어머니 생각에 눈물이 글썽이는 사람이 효자야. 하나님도 마찬가지 아닐까? 우리가 하나님께 뭘 잔뜩 갖다 바치거나, 대단한 일을 해서가 아니라 늘 하나님을 생각하는 거야. 그리고 그 분 앞에서 사는 거지. 그래서 진짜 신앙인은 언제고, 어디서고 라틴어인 '코람 데오(Coram Deo)' 즉 '하나님 앞에서' 사는 사람이란다.

아버진 네가 이런 사람이 되었으면 좋겠어. 네게 주신 은혜를 잊지 않고 기억하는 사람 말이지. 하나님과 네 주위에 있는 어른들, 그리고 너를 사랑해주는 모든 사람들과 심지어는 네가 태어난 이 조국(祖國)까지도 잊지 않고 기억(記憶)했으면 좋겠어. 언제나, 어디서나 감사(感謝)하는 사람이 되렴.

감사 感謝

'느낄 감(感)'은 '모두 함(咸)' 자에 '마음 심(心)' 자고 '사례할 사(謝)' 자는 '말씀 언(言)변에 몸 신(身) 그리고 마디 촌, 혹은 적을 촌(寸)'이야. 지금은 무조건 나쁜 뜻으로 쓰이지만 촌지(寸志)는 원래는 '작은 마음'이란 겸양의 뜻이었고 '촌음(寸陰)을 아끼라' 할 때 그 촌음은 '짧은 시간'을 나타내는 말이야. 즉 감사(感謝)란 (1) 모든 것에 감사해야 하는데 (2) 먼저 마음으로 감사하고 (3) 말로써 감사를 표현(表現)하며 (4) 몸으로 하되 (5) 작은 것까지도 세심하게 감사해야 진짜 감사가 되는 거란다. 그래서 이 다음 네가 세상을 떠날 땐 이땅에 태어날 때보다 좀 더 밝고 아름다운 별, 하나님의 뜻이 좀 더 많이 실현(實現)된 세상이 되었으면 한단다.

6장 외부에서 오는 구원

1. 육신이 되어 오신 말씀(言)

앞에서는 예수님을 양(羊)이라고 설명했고 거기에 따른 한자 몇 개를 예로 들어 설명했는데 이번엔 예수님을 말씀(言)으로 설명해 볼까 한단다.

말 言과 말씀

우리가 흔히 예수님을 가리켜 '말씀'이라고 하는데 그렇담 말씀이란 뭘까? 한문에서는 이 글자를 풀이하기를 '나팔 모양의 악기를 불고 있는 모양'에서 나왔다는 설이 있고, '매울 신 (辛)과 입 구(口)' 자가 결합한 글자라는 주장도 있어.[40] 어쨌든

---

40) 정민, 박수밀, 박동욱, 강민경, 같은 책. p. 79

이 글자는 원래 '말'과 '숨'으로 된 단어인데 우리가 일상적으로 사용하는 말이 아니야. 평범한 말이 아니라 '숨'이 들어 있는, 이를테면 살아있는 말씀인 게지. 내 말을 비롯해서 우리는 웃어른들에게 이 단어를 써서 '아버지 말씀' '선생님 말씀' 하지만 엄밀히 말하면 틀린 거야. 숨이 들어 있어서 살아있는 말씀은 오직 그리스도 한 분 뿐이야. 좀 더 구체적으로 말하자면, 이 말씀은 세 가지로 나누는데 (1)예수 그리스도 자체(自體)를 가리키기도 하고 (2)주님이 하신 말씀, 즉 설교(說敎)를 일컫기도 하며 (3)주님의 행적과 교훈을 모두 담고 있는 성경(聖經)을 나타내기도 해. 즉 '오신 말씀(주님)'과 '하신 말씀(설교), 쓰인 말씀(성경)'이 있어.

기 記

먼저 '기록할 기(記)'는 '말씀 언(言)과 몸 기, 혹은 자기 기(己)'로 되어 있단다. 즉 '자기 자신에 대해 말한다'라는 뜻이야. 성경은 뭘까? 성경은 창세기부터 요한계시록까지 모두 하나님의 아들, 예수 그리스도에 대해 말씀하고 있는 책이야. 그래서 구약은 '오실 주님', 신약은 '오신 주님'에 대해 증언하고 있는 책이라는 말이 있단다. 주님 자신도 이런 말씀을 하셨어. "너희가 성경에서 영생을 얻는 줄 생각하고 성경을 연구하거니와 이 성경이 곧 내게 대하여 증언하는 것이니라."(요 5:39) 성경이 곧 예수님에 대해 증언하고 있다는 거야.

누가복음서도 비슷한 말씀이 있어. "이에 모세와 모든 선지자의 글로 시작하여 모든 성경에 쓴 바 자기에 관한 것을 자세히 설명하시니라."(눅 24:27) "자기에게 관한 것을 자세히 설명하셨다'는 거야. 어때? 아버지 말이 정확히 맞지? 말씀(言)이 몸 혹은 육신(己)이 되신 것, 그것이 '기록할 기(記)'야. "말씀이 육신이 되어 우리 가운데 거하시매 우리가 그의 영광을 보니 아버지의 독생자의 영광이요 은혜와 진리가 충만하더라."(요 1:14) 이건 좀 더 중요한 의미를 지니니까 내가 조금만 더 설명하도록 할게.

모세 오경 五經

공교롭게도 성경 맨 앞에 있는 다섯 권의 책, 곧 창세기(創世記), 출애굽기(出애굽記), 레위기(記), 민수기(民數記), 신명기(申命記)를 보면 모두 이 단어를 사용하고 있어. 이스라엘 사람들이 유일하게 경전으로 인정하는 이 토라(律法)는 모세가 기록한 것이라 하여 '펜타투크(Pentateuch, 모세오경)'라 일컫고 있단다. 이 외에도 사사기(士師記), 룻기(記), 열왕기상·하(列王記上·下), 욥기(記) 등 구약성경에서 39권의 책 중에서 꼭 10권의 책에 이 명칭이 사용되고 있어. 신약성경에서는 비슷한 뜻의 서(書)가 27권 중 21권에서 사용되고 있단다.

저자의 의도 意圖

모든 글에는 글쓴이의 의도(意圖), 즉 목적(目的)이 담겨 있듯이 성경도 예외가 아니란다. 성경은 왜 쓰인 책일까? 성경은 하나님께서 영감을 통해 주시는 말씀을 기록한 책이기 때문에 저자(著者)라고 하지 않고 기자(記者)라고 한단다. 성경은 성경의 기자들이 저술(著述)한 책이 아니고 단순히 기술(記述)한 책이기 때문이야. 성경의 기술 목적은 무엇일까? 하나님께서는 왜 그토록 오랜 시간 동안, 많은 기자들을 택하셔서 이 글을 기록하게 하셨을까? 요한복음에 보면 이 목적이 분명하고도 정확하게 나와 있단다.

"오직 이것을 기록함은 너희로 예수께서 하나님의 아들 그리스도이심을 믿게 하려 함이요 또 너희로 믿고 그 이름을 힘입어 생명을 얻게 하려 함이니라."(요 20:31) 성경 기록 목적이 두 가지인데 첫째는, 이 성경을 읽는 사람으로 하여금 예수님이 하나님의 아들 그리스도이심을 믿게 하려는 것이고, 두 번째는 그로 인해 생명을 얻게 하려는 것이라 했어.

탄생 誕生

태어날 탄(誕)이란 글자는 '말씀 언(言)과 끌 연, 혹은 맞이할 연(延)'으로 '말씀이신 주님을 영접하는(延)' 것을 탄생이라고 하는 거야. 그래서 어떤 분은 이 탄생이란 단어는 오직 주님에

게만 붙여야 하는 글자라고 힘주어 항변하시는 분도 있어.[41]

'날 생(生)' 자도 마찬가지야. 이 글자도 '사람 인(人)과 흙 토 (土)' 자가 결합된 것으로 되어 있는데 '사람이 흙에서 태어났 다'는 걸 뜻하고 있어. 어떤 학자는 실제 구약의 족보인 창세 기 5장에서 "아담은 셋을 낳은 후 팔백 년을 지내며 자녀들을 낳았으며 그는 구백 삼십 세를 살고 죽었더라"(창 5:4-5)는 성 경말씀 후에 계속하여 '죽었더라. 죽었더라. 죽었더라.'고 기 록하시어 아담 이후 사람이 죽고, 죽고, 또 죽었음을 말씀하시 는 반면, 신약의 족보에서는 "아브라함이 이삭을 낳고 이삭은 야곱을 낳고 야곱은 유다와 그의 형제를 낳고, 낳고, 낳고…" (마 1:2~16)라고 기록하심으로 계속하여 새로운 생명의 태어남 을 말씀하신다며 구약의 율법과 신약의 복음을 대비시켜 비교 하고[42] 있어. 일리가 있는 말씀이지.

훈 訓

'가르칠 훈(訓)' 자를 파자(破字)하면 '말씀(言)이 물 흐르듯 (川)' 하는 게 가르침이란 거야. 즉 '교훈(教訓), 훈계(訓戒)' 할 때 물 흐르듯 해야지 걸림이 있어선 안 된다는 뜻이야. 비슷한 뜻으로 '법(法)'이란 글자도 있어. 법이란 '물(氵) 흐르듯(去)' 흘 러가는 거란다. 물은 높은 곳에서 낮은 데로 흐르는데 자기보

---

41) 이병구, 같은 책. p. 88
42) 이병구, 같은 책. p. 43

다 낮은 곳이 있으면 앞을 다투어 내려가 제일 밑에서부터 채워오잖아? 나는 그래서 물이란 단어가 참 좋단다. 우리 주님이 이렇듯 물처럼 사셨어. 바다란 말도 비슷해. 바다는 '바닥'에 있어서 바다라 하기도 하고, 제일 밑에 위치해서 먼 길 쉼없이 달려온 강물을 온 몸으로 '받아 안아서' 바다라 한다는 거야. 아버진 네가 큰 그릇이 되어 갈등 많은 세상을 온몸으로 받아 안아 화해케 하는 '피스메이커(peace maker)'가 되었으면 좋겠어.

신信

'믿을 신, 혹은 진실할 신(信)'이란 글자도 같은 맥락에서 이해해야 한단다. 한문학자들은 '사람(人)의 말(言)'이 믿을 만해야 신뢰(信)할 수 있다고 말하고 있지. 나는 생각이 좀 달라. 사람의 말이 믿을 만하든 안 하든, 나는 나 자신도 믿지 못할 때가 있어. 내가 나를 못 믿는다는 말이야. 아이러니컬한 말이지만 사실이야. 나도 나를 잘 모르겠어. 이건 사람이 자신의 말을 믿게 만드는 게 목적이 아니라, '사람(人)이 말씀(言)이신 예수 그리스도와 함께할 때 믿을만한 사람(信)이 된다'는 의미야.

과 課

이 글자가 뭔지 아니? 그래, '과(課)' 자야. '세금을 매기다' 혹은 '한 부서' 등을 쓸 때 사용하는 말이지만 사실 이 말은 '시험하다'는 뜻이 있어. 왜 이런 뜻이 있을까? '말(言)과 열매(果)'가 시험한다는 것과 무슨 연관성이 있을까? 물론 이것도 일반 한문학자들은 설명하기 힘든 내용이겠지? 상식과 이성으로는 설명하기 어려우니까 말이지. 창세기 2장에 보면 뱀이 하와를 유혹하며 시험하는 내용이 나온단다. "그런데 뱀은 여호와 하나님이 지으신 들짐승 중에 가장 간교하니라. 뱀이 여자에게 물어 이르되 하나님이 참으로 너희에게 동산 모든 나무의 열매를 먹지 말라 하시더냐"(창 3:1)하고 하와를 시험할 때 '물었다(言)'는 단어가 나오지? 즉 말로써 동산 열매(果)에 대해 물었기 때문에 '시험하다'는 뜻이 된 거란다.

성 誠

이 글자는 '거룩할 성, 혹은 정성 성(誠)'으로 쓰이는데 이 뜻은 말씀(言)이신 주님이 이루시는(成) 일이 곧 거룩한 일이란 뜻이야.

시 詩

보너스로 재미난 글자 하나를 알려 줄게. '시집(詩集)', 혹은 '명시(名詩)' 할 때 그 시(詩)란 단어야. 이 시를 파자해 보면 '말씀 언(言)과 절 사(寺)' 자로 되어 있단다. 그렇담 '절에 있는 말씀'이라고 해석해야 할까? 아니면 동격으로 써서 '말씀과 절'이래야 하나? 여기서 '절'이라 했지만 기실 이 글자는 '성전(聖殿)'을 나타내는 글자야. 그렇다면 '시'는 '말씀과 성전'을 가리킨다고 볼 수 있지.

종교가 만들어지려면 두 가지 조건이 있어야 하는데 (1) 교주의 말씀(教訓)과 (2) 성전(聖殿)이야. 이 두 가지는 종교를 이루는 근간이야. 교주의 교훈이나 가르침이 없는 종교가 없고, 모든 종교는 각기 자기만의 성전 혹은 성지를 가지고 있어. 유대교나 기독교는 예루살렘이 성지고, 이슬람은 메카가 성지지. 그렇다면 이 시(詩)란 단어는 결국 종교란 글자야. 그래서 누군가 시인을 가리켜 '마지막 사제(司祭)'라고 했고, 칼릴 지브란도 예언자에서 시인은 하늘의 뜻을 범인(凡人)들에게 전해주는 '하늘의 사제'라고 묘사했고 휠더린도 시인을 궁핍한 시대에 성스러운 사제라고 노래하고 있단다.

그래서 그런 걸까? 다른 예술에는 모두 '가(家)' 자가 붙는데 시에만 유독 인간의 냄새가 나는 '인(人)'이 붙잖아? 예술가(藝術家), 음악가(音樂家), 미술가(美術家), 평론가(評論家), 소설가(小說家), 작가(作家)… 수도 없이 많지만 오직 '시인(詩人)'만인(人)이야. 왜 그럴까? '집 가(家)'는 '집안에 돼지(豕)'가 모여 있는 형상이야. 왜 집안에 돼지가 모여 있을까? 대체로 돼지가 새끼를 많이 낳는 것처럼 자손을 많이 낳기를 원한다고 하는 뜻도 있고, 다른 풀이로는 집집마다 식구들이 먹고 살기 위해 돼지를 길러서 그랬다는 말도 있어. 그런가 하면 돼지를 잡아 조상들께 제사하는 곳이 집이라는 데서 비롯된 글자라고도 해.[43] 우리나라 제주도 같은 지방에서는 아래층에 돼지를 기르고 위층에 사람이 살았는데 이것은 독사로부터 피해가 심각했기 때문에 서로 상극인 돼지를 길러 독사의 위험을 막았다는 사람도 있어.[44] 어쨌거나 '집 가(家)'는 권력과 집단을 의미하는 말인데 반해 시인(詩人)이란 단어는 '말씀과 성전'을 지칭하는 글자로 되어 있단다.

2. 십자가 구원(救援) – 성경의 역사는 나무의 역사

머리 좋은 너도 눈치챘겠지만 지금까지 아버진 예수님에 대해 상징(象徵)을 통해 설명하고 있었어. 처음엔 어린 양(羊)이었고 두 번째는 말씀(言)이었으며 이번에는 십자가(十)로 설명하려 한단다.

먼저 창세기에 나타난 상형문자는 다음과 같단다.

---

43) 이어령, 같은 책. p. 119
44) 趙玉九, 같은 책. p. 158

신辛

'매울 신, 쓸 신(辛).' 십자가(十)란 무엇일까? 옛날 고대 페르시아 사람들은 극악무도(極惡無道)한 죄수들을 처형할 때 십자가를 사용했다고 전해지고 있어. 더러운 죄인의 피가 신성한 대지를 더럽혀선 안 된다는 믿음 때문이었지. 그때부터 십자가는 저주와 고통의 상징이었어. 지금처럼 십자가를 목걸이로 만들거나 상징물로써 제단 위에 세워놓는다는 것은 상상할 수도 없는 일이었지. 십자가 처형을 받는 죄수는 그 스스로 자신의 십자가를 지고 처형장까지 가서 죽는데 명(命)이 긴 사람은 일주일 동안도 십자가 위에 달려 있었다고 해. 밤이 되면 까마귀나 독수리가 와서 박제(剝製)된 죄수의 눈알도 빼먹고, 가슴도 뜯어 먹었다고 전해지고 있어. 그래서 어느 문서에 의하면 처형 받으러 가는 죄수가 자신을 처형할 간수에게 돈을 주면서 자신이 십자가 위에 달리거든 되도록 일찍 죽여 달라고 뇌물을 썼다고 해. 그만큼 십자가는 무섭고 고통스러운 거란다. '십자가(十)'위에 서 있는(立) 것보다 더 큰 고통(辛)이 어디 있겠니?

"그가 찔림은 우리의 허물 때문이요, 그가 상함은 우리의 죄악(罪惡) 때문이라. 그가 징계(懲戒)를 받음으로 우리는 평화를 누리고 그가 채찍에 맞음으로 우리는 나음을 받았도다."(사 53:5)

행幸

그러면 행복하다는 뜻의 한자는 뭘까? 전에 말했듯이 '행복할 행(幸)' 자란다. 이 단어는 '비록 십자가(十) 위에 서 있어서 (立) 고통스럽긴(辛)' 하지만 제일 위에 한 획을 그어 다시 십자가를 만들면 행복(幸)이 된단다. 쓰디 쓴 고통과 달콤한 행복과는 오직 한 획 차이일 뿐이야. 이 고통과 절망의 언덕 위에 다시 십자가를 세워 행복의 화원으로 바꾸어 가야지. 그게 우리 그리스도인들이 해야 할 일 아닐까?

속束

'묶을 속, 혹은 제한할 속(束)'이란 이 글자는 '나무(木)에 사람(口)을 묶었다' 혹은 '나무에 사람을 붙들어 맸다'라는 뜻으로 '예수님을 십자가에 매달아 묶은' 것을 말한단다. 주님께서 온 인류의 죄를 대속(代贖)하시기 위하여 십자가에 묶였음을 뜻하지.

미未

'아니다.' 라는 부정의 말에 왜 '나무 목(木)'자가 들어가 있는 걸까? 이 글자를 자세히 보면 나무 목 위에 십자가가 서있는데 그 십자가는 아주 작은 십자가야. 즉 아직은 신앙(信仰)이

작고, 희생과 헌신이 작아 완성(完成)되지 않은 걸 의미하지.

주朱

'붉다'란 뜻을 지닌 이 말 속에도 왜 '나무 목(木)' 자가 들어 있을까? 여기서 나무 목(木)은 단순 나무가 아니라 십자가를 상징하는데 아직 미완의 십자가 위에 피(丶, 점 주)를 흘림으로써 붉게 변한 십자가를 말하고 있어.

말末

'아닐 미(未)'라는 부정적인 이미지와는 반대로 이 글자는 '끝 내다'라는 의미를 지니고 있어. 즉 모든 걸 완성 짓고 이룬 걸 말하고 있지. 나무 위에 서 있는 십자가가 크고 넉넉한 것이므로 완전한 구원을 이루어서 완성(完成)하다는 뜻을 지니게 되었단다. 모든 문제와 분열, 그리고 저주를 끝냈다 해서 '끝 말(末)'이 된 거야.

영榮

영화롭다는 뜻글자에도 십자가가 들어간단다. 흔히들 '꽃 필 영, 혹은 영화 영(榮)'이라고 알려진 이 글자를 좀 더 자세하게 파자해 볼까? 왜 영광스럽다 혹은 영화롭다는 표현을 할 때, 보석이나 값비싼 금이 아니라 나무가 들어갔을까? 이 해답은 출애굽기에서 찾아볼 수 있어. 출애굽기 3장에 보면 모세가 호렙산에서 하나님을 만나는 장면이 나와. 떨기나무가 불이 붙었는데 타지 않는 거야. 모세가 이상히 여겨 자세히 보려고 다가갈 때 하나님께서 떨기나무 가운데서 그를 부르시되 "모세야, 모세야 하시매 그가 이르되 내가 여기 있나이다"(출 3:4)라며 모세가 대답하는 장면이 나오지? 이 광경에서 기인한 것이라 믿고 있어. 즉 '영화 영(榮)' 자는 '나무(木) 덮은 먹(冖) 불꽃 화(火=灬)'해서 '나무를 온통 덮고 있는 불꽃'을 나타내는데 불꽃이 얼마나 강렬했으면 하나도 아니고 두 개나 활활 타오르고 있는 거란다.

친 親

'친할 친(親)' 자도 같은 맥락에서 이해해야 돼. 왜 친하다는 뜻글자에 '나무 목(木)과 설 립(立)' 자가 들어 있을까? 그리고 본다(見)는 건 뭘 의미할까? 여러 책에서 이 글자를 풀어 설명하기를 장 보러 나간 아들이 잘 돌아오길 걱정하며 이제나 저제나 노심초사(勞心焦思)하던 아버지가 나무에 올라 아들을 보는 형상이래. 참으로 궁색한 변명 아닐까? 정녕 아들을 보고 싶으면 뒷동산에 오르든지, 아니면 큰 바위 위에 오르면 되지 위험하게도 나이 드신 아버지가 왜 나무 위에 올라 자식을 볼까? 이건 그런 뜻이 아냐.

이 글자를 풀이하면 기가 막힌 뜻이 나온단다. '십자가(十) 위에 서신(立) 주님께서 밑에 서있는 사람들을 바라보고 계신(見)' 걸 의미해. 이것을 친(親)하다고 표현한 거야. 세상에서 가장 고통스러운 십자가 위에서 밑에 있는 사람들, 예컨대 어머니와 제자를 보시는 눈빛이야. 육신의 고통은 극에 달해 정신이 혼미해지고 수없이 사경(死境)을 넘나들면서도 밑에 있는 이들을 측은하고 사랑스런 눈빛으로 바라보시던 주님의 눈빛을 가리켜 '친할 친(親)' 자를 쓴 거야. 십자가 위에서 바라보시는 눈빛은 감히 말로써 형용할 수 없는 친근함의 표시지. "여자여, 보소서. 아들입니다. 보라, 네 어머니라."(요 19:26) 세상에서 이보다 더 친근하고, 이보다 더 가까운 말은 없는 거란다.

신新

'새 신(新)' 자도 마찬가지야. 한문학자들은 이런 글자가 나오면 속수무책(束手無策)이야. 기독교 신앙을 통하지 않고는 설명할 수 없기 때문이지. 왜 '새롭다'란 말 속에 나무와 도끼, 혹은 기도하는 손 모양이 있는지 이해할 수 없지. 그런데 감사하게도 우리에겐 신앙이 있어서 쉽게 설명이 가능한 거란다.

'십자가(十)에 올라서서(立) 하나님께 기도(斤)하면 누구나 새로운 존재(新)'가 된다는 뜻이야. 오른쪽에 있는 '도끼 근(斤)' 자는 원래 '기도하는 손'을 형상화한 글자라고 아버지가 말했지? '십자가(十)에 달린 그리스도'께 기도하는 사람은 누구나 죄를 용서받을 수 있고 구원 얻을 수 있어. 그래서 고린도후서에도 "누구든지 그리스도 안에 있으면 새로운 피조물이라 이전 것은 지나갔으니 보라 새것이 되었도다"(고후 5:17)라고 말씀한 거 아니겠니.

休休

'휴식(休息)' 혹은 '휴가(休暇)' 할 때 '휴(休)' 자도 살펴볼까? 한문학에서는 '사람(人)이 나무(木) 옆에서 쉬는 것'을 상징한다고 했어. 나도 처음에는 이 말을 의심 없이 받아들였어. 그러나 시간이 지나면서 약간 이상해지는 거야. 왜 하필이면 나무 그늘인가? 바위 밑이나 집 안에서는 불가능한가? 그러면서 생각하기를 이 글자에서 나무는 평범한 나무가 아냐. '십자가(十)'이지. 십자가 그늘 아래 있으면 죄 짐을 벗고 진짜 안식(安息)할 수 있다는 거야. 찬송가 415장에 비슷한 구절이 있어. "십자가 그늘 아래 나 쉬기 원하네. 저 햇볕 심히 뜨겁고 또 짐이 무거워. 이 광야 같은 세상에 늘 방황할 때에 주 십자가의 그늘에 내 쉴 곳 찾았네."

3. 왕(王)이신 예수 그리스도

주님께서 자기 자신에 대해 말씀하신 구절 중에 또 다른 중요한 구절이 있어. 가룟인 유다에 의해 배신당해 넘겨지신 다음 가야바 법정을 거쳐 빌라도 법정에서 심문(審問) 당하실 때 빌라도 총독과 대화하신 일이 있는데 이 자리에서 주님은 스스로를 가리켜 '왕'이라 하셨어.

왕 王

허신의 「설문해자」는 왕이란 글자를 이렇게 표현하고 있지. '왕(王)이란 천하소귀왕야(天下所歸往也)'라고 했어.[45] 즉 왕이란 '천하가 돌아가는 곳' 이란 뜻이야. 또한 공자는 이 단어를 '하늘과 땅, 인간 등 삼재(三才)를 하늘이 하나로 꿰뚫는다(ㅣ)'란 뜻으로 '일관삼위왕(一貫三位王)'이라 썼어. 앞에서 말한 이 말은 성경에서 많이 들어 본 말 아니니? 로마서에 보면 "이는 만물이 주에게서 나오고 주로 말미암아 주에게로 돌아감이라. 그에게 영광이 세세에 있을지어다 아멘"(롬 11:36) 하는 구절이 있어. 만물이 주에게서 나오고, 주께로 다시 돌아가는 것을 말하는데 허신은 그분이 바로 왕이라는 거야. 어때? 너무 놀랍지 않니? 이 설명 뒤에 한 학생이 "선생님, 하늘과 땅

---

45) 염정삼, 같은 책. p. 24

이 있고 그 사이에 십자가(+)가 섰으니 더 기독교적이지 않습니까?"라며 질문했는데 참으로 기막힌 발상이더래.[46] 그런데 더 이야기를 진전시키지 않고 서둘러 주제를 넘기고 말았어. 지금부터는 아쉬웠던 아버지가 좀 더 연구한 거야.

글자 그대로 말해서 '위에 있는 하늘(ㅡ)과 밑의 땅(ㅡ)에 서 있는 십자가(+)'를 말하고 있어. 왕은 임금과 달라. 임금이란 말 그대로 '맡을 임(任) 쇠 금(金)'해서 쇠붙이를 맡고 있는 자를 뜻해. 옛날에는 청동기나 철기 등 쇠를 다루는 부서나 쇠를 통용하고 관리하는 자가 전권(全權)을 휘둘렀거든. 상고시대에는 모든 금붙이가 최고 통치자에게 속해 있었던 거야. 지금으로 말하면 '군수통수권자(軍需統帥權者)'라고 할까. 그래서 저 북쪽에서는 '최고 우두머리'를 가리켜 '국방위원장'이란 호칭을 썼단다. 그러나 원래 예수님은 임금보다 차원이 높은 왕으로 태어나신 분이야. 베들레헴 마구간에서 주님이 탄생하셨을 때 동방으로부터 박사들(천문학자라고 알려져 있어.)이 예루살렘 성에 들어가 "유대인의 왕으로 나신 이가 어디 계시냐? 우리가 동방에서 그의 별을 보고 그에게 경배하러 왔노라"(마 2:2) 하면서 허위허위 주님을 찾아다녔어. 그러자 궁궐이 발칵 뒤집힌 거야. 그러잖아도 옥좌에 앉아 두려움에 빠져 있던 헤롯 대왕은 자신의 왕좌를 찬탈(簒奪)할 자가 나타난 줄 알고 좌불안석(坐不安席)하다가 결국 베들레헴 근교에 있는 두 살 이하의 유대 사내아이를 모두 죽이라는 '유아학살지령(幼兒

---

46) 박재성, 같은 책. p. 90

虐殺指令)'을 내리고 말았지.

요한복음 18장에 보면 법정에 서신 예수님께서 빌라도의 심문을 받는 중에 이 이야기가 다시 등장하고 있어. "이에 빌라도가 다시 관정에 들어가 예수를 불러 이르되 네가 유대인의 왕이냐"(요 18:33)라고 노골적으로 질문하고 있어. "네 말과 같이 내가 왕이니라. 내가 이를 위해 태어났으며 이를 위하여 세상에 왔나니 곧 진리에 대하여 증언하려 함이로라."(요 18:37) 이 재판 후에 빌라도는 골고다 언덕 위에서 예수님을 못 박을 때 십자가 위에 패를 써서 붙였다고 성경은 기록하고 있어. 그 패의 내용이 뭔지 아니? "나사렛 예수 유대인의 왕"(요 19:19)이란 거였어. 어쩌면 빌라도는 정말 이 사실을 인정하고 싶었는지 몰라. 무려 네 번씩이나 예수님을 놓아주려고 했었거든. 이렇게 패를 써서 달자 못된 유대인들이 또 공격하기를 "유대인의 왕이라 쓰지 말고 자칭 유대인의 왕"이라 써달라고 항의했어. 그러나 빌라도는 "내가 쓸 것을 썼다"(요 19:22)며 거절했지. 이 방총독이었던 빌라도도 예수님을 왕이라 인정했던 거지. 이와 같이 예수님은 이 세상을 구원하시기 위해 오신 진짜 왕이야.

아 亞

왕과 아주 비슷한 글자가 있어. '버금 아(亞)' 자야. 어떤 책에서는 '흉할 아'라고 말하기도 한단다. 많은 한문학자들은 두 꼽추가 마주보는 형상이라 말하지만 터무니없는 이야기야.

'버금'이란 말은 '으뜸' 다음이지. 즉 으뜸은 아니지만 그것과 비슷하게 되려는 거야. '다음 가는'이라고 보면 돼. 그런데 이 글자가 상당히 의미 있는 글자야. 에덴동산에서 하와가 왜 타락했는지 아니? 사탄이 그녀를 향해 "너희가 그것(선악과)을 먹는 날에는 너희 눈이 밝아져 하나님과 같이 되어 선악을 알 줄 하나님이 아심이니라"(창 3:5)라면서 '하나님처럼 된다'며 그녀를 유혹하고 있어. 결국 하와는 이 꼬임에 넘어가 타락하고 말았어.

성경에 나오는 천사장(天使長) 루시퍼 알지? 이 자도 하나님과 같이 되려는 욕심으로 교만해져서 타락해 사탄이 되었다고 전해진단다. "너 아침의 아들 계명성(새벽별)이여 어찌 그리 하늘에서 떨어졌으며 너 열국을 엎은 자여 어찌 그리 땅에 찍혔는고. 네가 네 마음에 이르기를 내가 하늘에 올라 하나님의 뭇 별 위에 내 자리를 높이리라. 내가 북극 집회의 산 위에 앉으리라. 가장 높은 구름에 올라 지극히 높은 이와 같아지리라 하는 도다."(사 14:12~14) 이렇듯 지극히 높으신 하나님과 같아지려던 루시퍼는 결국 저주를 받고 말았어. 이 '아(亞)' 자를 파자해 보면 '하늘(一)과 땅(一) 사이에 십자가(十)가 세워진 것이 아니라 속이 빈 십자가, 즉 가짜 십자가가 세워진 거야. 하나님 아닌 피조물이 하나님처럼 되려는 마음이 있었던 거지. 그래서 흉하고 악하다고 하는 거야. 이 이야기는 이병구 장로님이 쓰신 책에 잘 나와 있어.[47]

---

47) 이병구, 같은 책. p. 199

악惡

이런 설명을 분명히 해주는 단어가 있어. 바로 '악할 악(惡)' 자야. '버금 아(亞)' 자에 '마음 심(心)' 자를 밑에 써서 '버금 가려는 마음' 혹은 '같아지려는 마음'을 나타내고 있어. 그것이 곧 악하다는 거지. 이걸 다른 말로 교만(驕慢)이라고 하는 거야. "그러므로 주 여호와께서 이같이 말씀하셨느니라. 네 마음이 하나님의 마음 같은 체하였으니 그런즉 내가 이방인 곧 여러 나라의 강포한 자를 거느리고 와서 너를 치리니…."(겔 28:6~7) 이처럼 하나님은 교만한 자를 가장 싫어하시는 거란다.

7장 그리스도인의 사명

1. 그리스도인이 할 일 두 가지

그렇다면 우리의 남은 생 동안 할 일이 무엇일까? 성경은 무엇을 하라고 가르치고 있을까?

하나는 하나님을 잘 섬기며 공경(恭敬)하는 일이고, 다른 하나는 진리(道)를 전하는 일이야.

경 敬

'공경할 경(敬)'이란 글자를 파자해 보면 '진실로 구(苟)' 자에 '칠 복(攴=攵)' 자가 어우러진 글자야. 이것은 진실로 자기를 쳐서 복종시키는 게 공경이란 뜻이지. 하나님을 섬기다 보면 이해되지 않을 때도 있고, 쉽지 않을 때도 있을 수 있어. 그러나 그럴 때면 사도 바울처럼 날마다 자기를 쳐서 복종시키는 삶이 되어야 해. 그게 신앙인의 삶이야. "내가 내 몸을 쳐 복종하게 함은 내가 남에게 전파한 후에 자신이 도리어 버림을 당할까 두려워함이로다."(고전 9:27)

도 道

한자에서 말하는 도(道)는 진리를 뜻하기도 하고, 온 우주만물의 근본원리(根本原理)를 나타내기도 하며, 한 마디로 표현할 수 없는 궁극적인 목표를 의미하기도 해. 마땅히 지켜야 할 인간적인 깊은 도리(道理)를 말하기도 하고, 종교적인 깨달음을 나타내기도 한단다. 한자를 사용한 중국인들의 도에는 4가지 단계가 있어.

(1) 수도(修道) '닦을 수(修) 길 도(道)'라 해서 도를 얻기 위해 수련하는 단계라 할 수 있지.

(2) 득도(得道) '얻을 득(得) 길 도(道)'라 해서 도를 깨달아 아는 단계를 말하지.

(3) 낙도(樂道) '즐길 락(樂) 길 도(道)'라 해서 이제 도를 즐기는 단계지. '청빈낙도(淸貧樂道)'라고도 하지. 신앙도 이 단계에 오면 의무감이나 억지로 하는 신앙생활이 아니라 기쁨과 감사가 넘치게 돼.

(4) 전도(傳道) '전할 전(傳) 길 도(道)'라 해서 단계는 도를 깨

닳고 즐기는 것뿐만 아니라 이 도의 기쁨을 혼자서만 지닐 수 없어 남에게 전하는 단계야. 가장 높은 단계라 할 수 있지.

그런데 이 '도(道)'란 단어를 파자해 보면 '도(道)는 머리 수(首)와 쉬엄쉬엄 갈 착(辶)'을 합한 글자인데 '머리가 가는 곳' 혹은 '머리가 가는 길'이 곧 도(道)라 할 수 있어. 그렇다면 머리는 누구일까? 당연히 그리스도를 뜻한단다. 우리의 머리는 오직 예수 그리스도 밖에 없어. "오직 사랑 안에서 참된 것을 하여 범사에 그에게까지 자랄지라. 그는 머리니 곧 그리스도라"(엡 4:15)고 하셨고, "또한 그가 만물보다 먼저 계시고 만물이 그 안에 함께 섰느니라. 그는 몸인 교회의 머리시라. 그가 근본이시요 죽은 자들 가운데서 먼저 나신 이시니 이는 친히 만물의 으뜸이 되려 하심이요"(골 1:17~18)라고 말씀하고 있단다.
게다가 주님은 교회의 머리이실 뿐 아니라 온 천하의 머리가 되시기도 한단다. "또 충성된 증인으로 죽은 자들 가운데에서 먼저 나시고 땅의 임금들의 머리가 되신 예수 그리스도로 말미암아 은혜와 평강이 너희에게 있기를 원하노라."(계 1:5)

전傳

그러므로 이 도의 마지막 단계인 '전도(傳道)'가 우리가 해야 할 궁극적인 일이야. 전도를 파자해 보면 '사람 인(亻)' 자와

'오로지 전(專)' 자로 되어 있어. 즉 사람이 오로지 해야 하는 일, 그것이 전도야. 성경에서도 "너는 말씀을 전파하라. 때를 얻든지 못 얻든지 항상 힘쓰라. 범사에 오래 참음과 가르침으로 경책하며 경계하며 권하라"(딤후 4:2)라고 말씀하고 계시잖니? 그러니 우리가 해야 할 오직 한 가지 일은 복음(福音)을 전파(傳播)하는 일이란다.

2. 아버지의 당부 두 가지

책을 갈무리하면서 아버지는 신학도인 네게 꼭 해주고 싶은 두 가지 말이 있어.

"꿈꾸는 인생"

하나는, 일평생 살면서 꿈을 크게 가지라는 거야. 사람은 꿈만큼 성장(成長)한단다. 누구도 그가 꾸는 꿈 이상을 넘어서지 못해. 심지어는 신학자인 구스타프 아울렌도 말하길 "교회는 목사를 넘어서지 못한다"라고 말했어. 이 말은 지상에 존재하는 어느 교회라 할지라도 그 교회의 담임목사가 품은 꿈이나 그가 가진 품, 그의 비전 등에 따라 결정된다는 이야기야. 그러니 큰 꿈을 꾸고, 하나님 나라의 확장을 위해 매진(邁進)하거라.

아버지가 최근에 어느 사진을 보고 뒤집어지는 줄 알았어. 아주 오래 된 흑백 사진이었는데 두 명의 중학생 증명 사진이었어. 교모(校帽)를 쓰고, 교복(校服)을 입은 까까머리를 한 중학생 둘이 사진을 찍고는 그 밑에다 자신들의 글을 남겨 놓았어. "조국이여, 안심하라." 웃기지? 정말 이상하지? 나도 처음에는 깔깔 하고 웃었어. 그런데 그게 아냐. 그래서 이들이 누군지 살펴보았지. 한 사람은 전후 한국 역사상 농촌계몽운동에 가장 헌신했었고, 존경받았으며 〈가나안 농군학교〉를 설립한 〈김용기 장로님〉이고, 다른 한 분은 전후 한국에서 가장 영향력 있는 인물이었으며, 〈건국준비위원회〉를 조직하고 그 위원장직을 역임한 〈몽양 여운형 선생님〉이었어. 여선생님은 평양신학교를 중퇴하신 분인데 장로교에서 전도사 생활까지 하신 분으로 알려져 있어. "조국이여, 안심하라." 어때? 멋있지 않니? 아버진 네가 이런 호연지기(浩然之氣)의 사람이 되길 간절히 바라고 있어.

2차 대전 후 패전국(敗戰國)이었던 일본에 가장 큰 영향을 미친 사람 중 하나가 우치무라 간조(內村鑑三)란 사람이야. 이분은 삿포로에서 시골 학교 교사를 하다 일본이 청일전쟁과 러일전쟁을 일으키고 조선을 강제 합병한 후 만주에 이어 중국까지 침략하던 때에 반전운동, 평화운동을 펼쳐 극도의 어려움을 당했어. 일본군이 전쟁 초기에 연전연승하는 전황이 보도되자 일본 국민 모두가 열광적인 박수를 보냈지만 그는 그런 분위기에 맞지 않게 비판을 가해서 천황을 모독했다는 이

유로 해직되셨어. 미국에서 신학을 공부하고도 성직자의 길을 걷지 않았던 이분은 해직 교사가 된 후 낙심하지 않고 도리어 동경으로 올라와 6평짜리 작은 다다미방을 마련해 후학들을 키우기 시작했어. 그곳 다다미방에서 자란 사람들 중에 후에 일본을 주름잡는 수많은 인물들이 배출되기 시작한 거야. 오히라 수상을 비롯, 동경제국대학교 총장들, 재벌, 정치가 등… 이루 헤아릴 수 없는 사람들이 그분의 영향을 받고 자라나 일본을 세계 제 2의 경제대국으로 부흥시켰던 거야.

이분은 늘 학생들에게 2J를 강조하셨대. 즉 Jesus와 Japan이야. 학생들의 심장에 '예수'와 '일본'을 심어주려 애를 쓰신 거지. 우리나라 사람 중에 이분의 영향을 받아 '조선을 성서 위에'라는 '성서조선운동'을 벌인 사람들이 있어. 바로 김교신과 함석헌 선생이란 분이야. 아버지도 네 가슴에 2K를 품으라고 반드시 강조하고 싶단다. Korea와 Kingdom of God이야. 너는 하나님의 사람이야. 사는 동안 꼭 하나님 나라를 확장(擴張)시키는 사람이 되려마.

"즐기는 인생"

또 하나는 바로 네 삶을 즐겁고 행복하게 살았으면 좋겠어. 우리 인생에 '목표(目標)'가 있다면 '하나님 나라 확장(擴張)'이고, 방법이 있다면 '즐기면서 행복(幸福)하게'야.

너 그 영화(映畵) 아니? 〈죽은 시인의 사회〉 말이야. 인간성이 점차 황폐화 되어 가는 현대 미국 교육제도의 맹점을 고발한 피터 웨어의 〈죽은 시인의 사회〉에서 '시가 흐르는 교실'을 만들고 아이들에게 꿈을 심어 주려 애쓴 '키팅' 선생역의 '로빈 윌리엄스'가 자주 했던 말이 있어. '카르페 디엠(Carpe diem), 즉 현재를 즐겨라'이지.

그런데 원래 이 말은 '호라티우스'의 라틴어 시 한 구절로부터 유래한 명언이야. 이 명언은 현재를 잡아라(영어로는 Seize the day. 또는 Pluck the day.)로도 알려져 있는데 본래 단어 그대로 보자면 '카르페'(Carpe)'는 '뽑다'를 의미하는 '카르포'(Carpo)'의 명령형이고 '디엠(Diem)'은 '날'을 의미하는 '디에스(dies)'의 목적격이지. 호라티우스는 계속 이렇게 노래하고 있어. 'Carpe diem, quam minimum, credula postero. 현재를 즐겨라, 가급적 내일이란 말은 최소한만 믿어라.' 호라티우스가 에피쿠로스학파의 영향을 받았기 때문일지도 몰라.

가끔 인생의 중반기를 살고 있는 아버지도 나 자신에게 던지는 질문이 있단다.

"너는 지금 잘 살고 있는가?" "10년이 지난 뒤 오늘을 생각할 때 후회하지 않을 자신이 있는가?"

길지 않은 삶을 살아왔지만 돌아보면 '했던 일' 보다도 '하지 않았던 일' 때문에 후회할 때가 더 많아. 토론 시간에 손들지 못한 것이 후회되고, 후배에게 올바로 말하지 못한 게 걸린단다. 더 열심히 공부하지 못한 것도 후회스럽고, 여러 날 준비했음에도 불구하고 유학길에 오르지 못했던 것도 아쉬움으로 남아 있어. 그러나 돌아보면 크게 후회하지는 않았어. 하나님의 종으로 살면서 행복했고, 보람 있었거든. 작가 버나드 쇼는 자신의 묘비명에 스스로 이런 말을 남겼어. "I know if I stayed around long enough, something like this would happen. 우물쭈물하다가, 내 이렇게 될 줄 알았다."

한 번의 인생, 후회스럽지 않고 멋진 인생이 되길 간절히 바란단다.

참고도서

C.H. Kang & E.R. Nelson, 이강국 역, 「한자에 담긴 창세기의 발견」, 미션하
    우스, 1991.
C.H. Kang & E.R. Nelson, 고봉환 역, 「창세기의 재발견」, 요나출판사, 1990.
E.R. Nelson & R. Broadberry, 전광호 우제태 역, 「고대 한자 속에 감추어진
    창세기이야기」, 예향, 2004.
趙玉九, 「21세기 설문해자(說文解字)」, 백암출판사, 2005.
강상식, 「성경한자(聖經漢字)」, 유로, 2007.
정민 박수밀 박동욱 강민경, 「살아있는 한자 교과서」, 휴머니스트, 2004.
배현석, 「성경으로 풀어보는 한자」, 푸른출판사, 2006.
박재성, 「한자에 숨어있는 성경이야기」, 도서출판 나, 2011.
이어령, 「생각이 뛰어노는 한자」, 푸른숲 주니어, 2009.
박응순, 「단숨에 읽는 구약성경」, 엘멘출판사, 2006.
이권홍 편저, 「한자풀이」, 백산출판사, 2006.
염정삼, 「설문해자주-부수자 역해」, 서울대학교 출판문화원, 2007.
이병구, 「그리스도와 한자」, 다락방서원, 2010.
정민 박수밀, 「한문의 이해」, 한양대학교 출판부, 2002.
서울대 중국 어학연구회 편역, 「알기 쉬운 한자 원리」, 21세기 북스, 1994.
정재서 역주, 「산해경」, 민음사, 1985.
예태일 전발평 편저, 서경호 김영지 역, 「산해경」, 안티쿠스, 2008.
임승국 번역 주해, 「한단고기(桓檀古記)」, 정신세계사, 1986.
최동환, 「삼일신고」, 지혜의 나무, 2009.
금유길, 「한자의 기원」, 무량수, 2011.
시라카와 시즈카, 윤철규 역, 「한자의 기원」, 이다미디어, 2009.
이락의, 「한자정해」, 비봉출판사, 1996.
김대성, 「금문의 비밀」, 컬처라인, 2002.
마쓰지 데쓰지, 심경호 역, 「한자학(漢字學)」, 보고사, 1985.
일연, 권순형 편역, 「삼국유사」, 타임기획, 2005.

지세화 편저, 「이야기 중국문학사 상. 하」, 일빛, 2002.

한국중문학회, 「중국문학연구 第19輯」, 1999년 12월호.

둥나이빈 첸리췬 등 저, 김태만 역, 「그림으로 읽는 중국문학 오천년」, 예담, 2002.

조현설, 「동아시아 건국신화의 역사와 논리」, 문학과 지성사, 2003.

우에하라 카즈요시 外, 한철호 이규수 역, 「동아시아 근, 현대사」, 옛오늘, 2000.

최원식 백영서, 「동아시아인의 동양인식:19-20세기」, 문학과 지성사, 1997.

김채수 편역, 「동아시아문학 기본구도 1.2」, 박이정, 1995.

유수현, 「설문해자 강희자전 한자 214부수상해」, 홍익재, 2011.